换个角度
看人生
世界更美好

舍得

——快乐人生的经营课

刘艳 著

内蒙古出版集团　远方出版社

图书在版编目 数据

舍得：快乐人生的经营课 / 刘艳著． -- 呼和浩特 ：远方出版社，2014.5

（换个角度看人生）

ISBN 978－7－5555－0166－4

Ⅰ.①舍… Ⅱ.①刘… Ⅲ.①人生哲学－通俗读物

Ⅳ.①B821－49

中国版本图书馆 CIP 数据核字（2014）第 094204 号

舍得——快乐人生的经营课

著　　者　刘　艳

责任编辑　刘卫伟

装帧设计　柏拉图

出版发行　内蒙古出版集团　远方出版社

社　　址　呼和浩特市乌兰察布东路 666 号

（电话：0471－2236466 邮编：010010）

经　　销　新华书店

印　　刷　北京毅峰迅捷印刷有限公司

开　　本　710mm×1000mm　1/16

字　　数　232 千

印　　张　17

版　　次　2014 年 9 月第 1 版

印　　次　2014 年 9 月第 1 次印刷

印　　数　1—6500 册

标准书号　ISBN 978－7－5555－0166－4

定　　价　29.80 元

前言

“舍得”一词出自佛语，属于禅的一种。舍得所包含的修身、处世的哲理历来为世人所尊崇。舍得的道理其实很简单，正如杯子里装满的水，为了让水永不变质，永葆活力，就必须将水尽快地喝掉或倒掉。这个道理并不难懂，但生活中很多人却看不开，放不下。

在金钱至上、名利挂帅的今天，人们有着太多的欲望，欲望原本是人的本能，是人们对美好事物的执着与追求，但是欲望又如一头难以驾驭的猛兽，常常让人对生活中的得与失难以取舍。这时，我们一定要明白：“你争，人必争，极力争未必得；你让，人必让，极力让未必失。”

所以，我们要把持欲望。“贪婪的人永远也不知满足。我们要明白，即便我们拥有整个世界，一天也只不过是吃那三餐，睡那一张床。”欲壑难填是一种病态，如任其发展，结局必然是使自己身心疲惫，心力交瘁。“身外物，不奢恋”是思悟后的清醒。它不仅是超越世俗的大智大勇，而且是放眼未来的豁达与胸怀。唯有如此，我们才会活得轻松、过得自在，遇事想得开、放得下。

我们要学会平淡看待得失，冷眼看尽繁华。莎士比亚曾经说过：“名利是一件无聊的骗人的东西，得到它的人，未必有什么功德，失去它的人也未必有什么过失。”在物欲横流的当下，人们都活得很苦很累，总想让自己的一言一行、一举一动都打上成功人士的标签，给自己带上了“名利”这副沉重的枷锁，表面风光，内心彷徨，失去了生活的本真。殊不知名利只是身外之物，真正的幸福不是活在世俗的眼光之中，而是内心的丰盈与自身价值的体现。

我们要放下斤斤计较，学会谦让。一个人的快乐，并非因为他拥有的多，而是因为他计较的少。多是负担，是另一种失去；少非不足，是另一种有余；舍弃也不一定是失去，而是另一种更宽阔的拥有。所以，当与人相处或遇到利益纠纷时，我们不妨谦让。谦让是一种智慧、一种策略，懂得谦让的人更容易获得双赢，更能够以最小的代价获得利益的最大化，从而开创快乐幸福的人生格局。

我们要抛开心结。抽刀断水水更流，举杯消愁愁更愁。好也是一天，坏也是一天，不如抛开心结，让自己从痛苦中获得解放，让心灵重新获得自由。人生就如两张椅子，一张是爱和欢乐，另一张是苦恼和负累。我们无法同时坐在两张椅子上，只有舍弃后者，我们才能稳稳地坐在快乐的椅子上，享受轻风拂面、畅达快意的人生。

……

舍得是一种品格，舍得是一种成熟，舍得是一种感悟，舍得是成就我们美好人生不可或缺的一种智慧。本书以浅显的哲理结合鲜活的案例，对舍得的智慧作出了有力的阐释。

一滴水可以折射出太阳的光辉，一本书可以影响一个人的人生和命运。愿本书助你“以智慧立地，以聪明定天；以知识使深渊裂开，使天空滴下甘露”。

舍得
——快乐人生的经营课

目录
CONTENTS

第一章　把持欲望，内心清静便是福

1. 贪心不足,早晚是要还的 / 002

2. 不要掉进欲望的泥潭中 / 004

3. 知足便常乐,不做攀比人 / 007

4. 平淡才是生活的本身 / 009

5. 简单的生活也有无边快乐 / 011

6. 欲望无边,回头是岸 / 013

7. 最富有者,便是知足人 / 015

8. 把持住了欲望,就把持住了命运 / 017

9. 持平常心,内心清净便是福 / 019

10. 经得起诱惑,守得住寂寞 / 022

11. 欲望之树要常修常剪 / 026

12. 在诱惑的世界中让心 Hold 住 / 028

第二章　取舍有道，拿得起更要放得下

1. 鱼和熊掌的选择题 / 032
2. 放下包袱才能轻松前行 / 035
3. “后退”是一种策略,更是一种智慧 / 037
4. 放下面子,不放下尊严 / 039
5. 舍小才能得大 / 042
6. 握不住的沙,那就扬了它 / 045
7. 不要怕,不要悔 / 048
8. 退是为了蓄势,让是为了待发 / 051
9. 赢得起,更要输得起 / 053
10. 做好人生的加减法 / 057
11. 放弃是一种超脱 / 060

第三章　舍弃名利，褪去功名世俗的外衣

1. 金钱并非幸福快乐的源泉 / 064
2. 超脱于金钱之外 / 066
3. 金钱要取之有道,用之有益 / 069
4. 金钱可以买来药品,却买不来健康 / 072
5. 淡泊名利,宁静而致远 / 075
6. 主动与名利场保持应有的距离 / 077

7. 追逐名利要享受过程而不重结果 / 079
8. 褪去功名世俗的外衣 / 082

第四章　敢于吃亏，舍小利才能谋大业

1. 爱出者爱返,福往者福来 / 086
2. 吃点小亏,收获的是人心 / 088
3. 愚者赚今天,智者赚明天 / 091
4. 看似吃亏,实则得益 / 093
5. 分享赢得众人随 / 096
6. 独乐乐不如众乐乐 / 098
7. 播撒阳光必能收获温暖 / 100
8. 帮助别人也是帮助自己 / 103
9. 要想取之,必先予之 / 106

第五章　少些计较，快乐并非因为拥有的多

1. 不要仰望别人的幸福 / 110
2. 不计较过去，不算计未来 / 113
3. 拿自己的今天比昨天 / 115

4. 盲目的攀比会让人迷失自己 / 117
5. 计较能力比计较薪酬更重要 / 120
6. 不争，则无人可与之争 / 124
7. 争未必得，让未必失 / 127
8. 得理且饶人 / 129
9. 苛求他人无疑在孤立自己 / 131
10. 该低头时便低头 / 134
11. 看淡人生得失 / 136

第六章　放下完美，化缺憾为进取的动力

1. 有多大的碗，盛多少饭 / 140
2. 向不完美的生活致敬 / 143
3. 金无足赤，人无完人 / 146
4. 完善最短的“木板” / 149
5. 让缺憾成就另一种完美 / 151
6. 不要斟满自己的杯子 / 153
7. 完美更多的是内心的强大 / 156
8. 苛求完美等如虐待自己 / 159
9. 珍惜自己拥有的一切 / 162

第七章　舍弃浮华，让心灵重归平静

1. 用微笑诠释泪水 / 166
2. 99%的烦恼都是自找的 / 169
3. 好心态可点石成金 / 171
4. 哭着过不如笑着活 / 173
5. 经常清理情绪的垃圾 / 177
6. 宁静能生智慧 / 180
7. 学会给心灵松绑 / 184
8. 别让浮躁毁了你 / 187
9. 让急功近利的心着陆 / 191
10. 静心才能无欲，止水方能坦然 / 194

第八章　抛开心结，宽容待人万事顺

1. 嫉妒是一把刀，伤人又伤己 / 198
2. 包容别人也是善待自己 / 201
3. 忘记恩怨，让爱回归 / 203
4. 唯宽可以容人，唯厚可以载物 / 206
5. 面对是非，一笑而过 / 209

6. 误解也是别人的一种理解 / 212
7. 不求尽如人意，但求无愧于心 / 215

第九章　放弃安逸，伟大都是磨出来的

1. 人生要经得起折磨 / 220
2. 一切磨难都是为了让我们更强大 / 223
3. 把自己磨成一颗钻石 / 226
4. 在磨难中看到恩赐 / 229
5. 打败困境，才能重获新生 / 231
6. 不抛弃，不放弃 / 235
7. 苦难让人内心强大 / 238
8. 有一种意志叫矢志不渝 / 241
9. 把苦难踩在脚下 / 244
10. 跌倒了，爬起来 / 249
11. 自己选择的路，跪着也要走下去 / 253
12. 扫掉惰性这条尾巴 / 257

第一章　把持欲望，内心清静便是福

“贪婪的人永远也不知满足。我们要明白，即便我们拥有整个世界，一天也只不过是吃那三餐，睡那一张床。”欲壑难填是一种病态，如任其发展，结局必然是使自己身心疲惫，心力交瘁。“身外物，不奢恋”是思悟后的清醒。它不仅是超越世俗的大智大勇，而且是放眼未来的豁达与胸怀。唯有如此，我们才会活得轻松、过得自在，遇事想得开、放得下。

1. 贪心不足，早晚是要还的

一位哲学家曾这样说过："人生处处开满了罂粟花，表面上美丽迷人，却暗藏着伤人的毒性。"我们似乎都明白这样一个道理：外表越是艳丽的东西，往往越是充满了致命的毒素；越是让人欲罢不能的东西，往往越是陷阱。在那些诱人的外表下面，总隐藏着致命的危险。

但这些诱惑往往具有令人趋之若鹜的魔力，使得人们如飞蛾扑火一般，为了那瞬间的光明，将理智抛之脑后，甚至连最基本的判断能力也失去了，心甘情愿地做了诱惑的奴隶。

在诱惑面前，我们总有得有失，并不一定会是陷阱式的伤害，但难免会带来一系列的负面效应，因为我们很容易迷失，很容易沉溺其中，甚至忘记了前行的方向和目的，忽略了奋斗的意义。

一群猴子经常去农田里偷吃粮食，村民们很气愤，想尽办法试图阻止它们，但都没有成功。无奈之余，他们搬出了猎枪，但是猴子身手矫捷、反应机敏，根本击不中它们。就在人们无可奈何的时候，一位老人说他有办法抓住这些猴子。

老人弄来了两个木箱，每个木箱上面都留有一个小孔，又往木箱里放了两颗刚摘下来的鲜桃。然后，老人来到猴子经常活动的地方，把木箱固定在大树上，对大家说："你们等等吧，晚上就可以捉到猴子了。"

大家对老人的方法都半信半疑：即便猴子拿不到箱子里的桃子，但是依然可以轻松地逃脱啊。老人对此笑而不答。

到了晚上，大家跟着老人来到放置木箱的地方，果然有两只猴子正在挣扎。它们见到村民们赶来，都惊慌地叫了起来。只见它们的一只手插进了木箱，怎么也拔不出来。

老人趁机让众人将两只猴子抓住捆牢，再撬开木箱，只见猴子的手还死死地抓着桃子不放。老人掰开猴子的爪子，拿掉桃子，猴子的手居然轻松地从孔里抽了出来。

大家见状才恍然大悟，原来老人是利用猴子经不起诱惑的贪念，才将猴子轻松地捉住。

生活中，很多人都会犯和猴子一样的错误，因为贪心，因为不懂得向诱惑说“不”，结果成了诱惑的奴隶，付出了惨重的代价。

这个世界上没有什么东西是可以随意获得，而不需要付出代价的。所以，诱惑的每一次亮相，往往都伴随着相当大的风险，并且这种风险通常是不可预料的。面对丰富而喧嚣的社会生活，人们内心的欲望会被轻易地调动起来，如果自身意志力和控制力不足，自然很容易跌进诱惑的深渊。

冯梦龙在《喻世明言》中曾讲述过这样一个故事：水月寺有一位得道的高僧叫玉通禅师，品行端正，有着令人钦佩的人品和修为。玉通禅师潜心修佛多年，对世事看得颇为透彻，不愿让自己再陷入世俗的纷扰中无法自拔。当时，临安府尹柳宣教上任，玉通禅师没有前去迎接，这让柳宣教感到十分不满。为了报复，柳宣教指使一名漂亮的妓女装扮成民女的样子，想尽办法去勾引玉通禅师。由于没能静下心来思考事情的来龙去脉，最终，玉通禅师在诱惑面前犯了色戒。

对于生活，对于人生，我们诚然要为了梦想而坚定信念，而当前行的路上冒出一簇簇艳丽的野花，我们也要在驻足愣神的时候，静下心来核算一下机会成本的概率。要知道，更多的时候，那些看起来魅力无穷的东西，往往只是一个个幻梦而已。

要想从诱惑中解脱出来，避免受到伤害，我们应学会保有一颗淡泊的心，没有了贪念，自然不会轻易被诱惑所伤。当我们的内心充满宁静和坦然，就会变得冷静和理智，遇事也会做出相对理性的判断。

2. 不要掉进欲望的泥潭中

耶鲁大学经济学家苏必克给学员们讲过这样一个案例:

在一个鸡尾酒会上，张先生从口袋里掏出一张限量版的千元大钞，向所有的来宾宣布：他要将这张千元大钞拍卖给出价最高的朋友，大家互相竞价，以50元为单位，到没有人再加价为止。出价最高的人，只要付给张先生所开的价码，即可获得这张千元大钞，但出价第二高的人，虽然无法获得千元大钞，仍需将他所开的价码如数付给张先生。

这个别开生面的“以钱买钱”的拍卖会，立刻吸引了大家的兴趣。开始时，100元、150元、200元的竞价声此起彼伏，当价码抬高到500元时，步调缓和了下来，只剩下三四个人在竞价。最后只剩下王先生和林先生在那里相持不下。

当王先生喊出950元时，张先生弹了弹他手上的千元大钞，暧昧地看着林先生，林先生不假思索地脱口而出：1050元！这时，会场里起了一阵小小的骚动。张先生转而得意地看着王先生，等待他加价或者退出，只见王先生咬一咬牙说：2050元！人群里起了更大的骚动，林先生摆一摆手，喝了口鸡尾酒，表示退出这个“疯狂的拍卖会”，大家这才松了一口气。

结果，王先生付出2050元，买到了那张1000元的钞票，而林先生则平白付出了1050元。两人“平分秋色”，各损失的“1050元”都落入了张先生的腰包。

这个故事说明了什么呢？竞争是为了得到，欲得的念头越强烈，你愿意付出的代价就越大，而最终得到的也越少。

生活的陷阱也是如此，往往会出现许多有诱惑力的东西，让你千方百计想要得到它，当发现它只是个诱饵时，已深陷其中无法自拔，最后越想挣脱，就陷得越深。

那么，我们需要避开生活中的哪些陷阱呢？

（1）财富陷阱

财富由创造而来，但现今不劳而获的想法越来越流行。所以，不少人将自己全部的财产孤注一掷地投到股市里。他们从银行取出自己的储蓄，甚至去借钱。幸运的话，也许他们能在股市上大赚一笔，但是，多数情况下他们往往血本无归。

（2）权力陷阱

有个寓言故事说，森林里狼、熊、狐狸三巨头结成联盟，专门对付羊群，使得羊群死伤无数！年老的领头羊不堪折磨，郁闷而死。之后，一头年轻的羊被选为新的领头羊。

年轻的领头羊对群羊说：“我们邀请狼、熊、狐狸中的一位来做头领吧，我可不是这块料。”消息一出，群羊激愤：“这不是把我们往火坑里推吗？”狼、熊、狐狸则兴奋极了，开始暗暗计算自己要如何争得这个头领的位置，会有多大好处，以后群羊就是自己的了，想怎么吃就怎么吃。熊最先下手，它趁狼不注意的时候，一爪拍过去，把狼打死了。

狐狸很狡猾，在猎人挖好的树枝伪装的陷阱上躺着（因为狐狸比较轻，没有掉下去），佯装睡觉。熊悄悄逼近，一下子扑上去，结果掉到了陷阱里。而狐狸早就机警地躲开了，熊则死于非命。

现在只剩下了狐狸，它对羊群已经构不成威胁了。最后，群羊协作，把狐狸也杀死了。群羊终于知道，其实权力是个陷阱！

对迷恋权势、野心勃勃的人来说，有了权力就会产生更多更大的欲望，并不择手段地去达到目的，最后深陷权力的陷阱之中。

（3）交友陷阱

很多人，特别是年轻人在择友时，通常不加考虑就与一些可疑的人混在一起，使自己置身于危险的境地。等他们明白发生了什么的时候，名声已经遭到了不可洗刷的玷污，或者发现自己处于一个尴尬不幸的境地之中。

因此，我们要时刻注意自己的言行，不要从事投机活动，不要让自己掉入欲望的泥潭中，这样才能轻装前进。

能力平常，但有行动自由且坚强意志的人，胜过负担沉重、步履维艰的天才。只有自由的思想才具有创造力和生产力。否则，虽有超人的才智，却负担沉重欲望，卑躬屈膝，去做一些自己不愿做的事，又有什么意义呢？

在物质欲望泛滥、攀比心理日益严重的社会环境中，只有想明白自己真正想要的是什么，做自己人生的策划者与享受者，而非被迫做出选择，受到物质的要挟而改变自己的目标，我们才会开心地享受物质创造的价值，并珍惜自己拥有的一切。

3. 知足便常乐，不做攀比人

人生所有的苦恼，都来自于不满足——欲望无边地膨胀，没有止境，得到与得不到之间就产生了无数的苦恼。婴儿的手，碰到东西就抓住不放；古代的帝王，去世后总要陪葬很多金银器皿、人畜活物。当婴儿把手里的东西抓住不放时，当死人总想占有更多的物质资源时，恰恰验证了祖辈们给我们留下的两句话："人生一世，吃穿二字。""人为财死，鸟为食亡。"

没错，是人都有欲望，我们必须承认自己的七情六欲，不去否认，不去鄙视。人是由欲望驱动的，没有欲望的人，是死人。欲望是生命的本能，是生命存在和繁衍的必要条件。生存、安全、社交、尊重、自我实现……是马斯洛对人欲望的概括；"食色，性也"、"饮食男女，人之大欲存焉"、"修身、齐家、治国、平天下"……是圣人对人的欲望的描述。

事实上，欲望如同一把火焰，可以煮饭、暖身，有利于我们在自然的、生理的、本能的欲望中提升自己，也有利于转化为对社会的职责。但欲望这把熊熊的烈火也可能会把我们烤焦，严重的甚至化为灰烬。

一位记者采访一位世界500强企业的总裁："请分享一下您成功的秘诀，可以吗?"他说："我告诉你我很失败耶!"记者说："您怎么会很失败呢？您身体这么健康，与太太感情也很好，两个儿子都念哈佛大学，年收入5000万美元，您怎么能说您觉得自己不成功?"他说："的确是很失败。"记者说："您成功的定义是什么?"他说："假如我真正成功的话，年收入至少要超过 8000 万美元，我的太太做每一件事都要听我的，我的孩子应该听我的去念斯坦福大学而不是去念哈佛。”依照他这样的想法，他永远不会成功。

后来记者问一个 24 岁的年轻人：“年轻人，您认为您有没有成功?”他说：“当然啊，我很成功!”记者说：“看起来不像啊!”记者又问：“请问您为什么觉得您成功呢?”他说：“因为我每天早上起床，只要是站在地上而不是躺在地下就成功了。”

人，饥而欲食，渴而欲饮，寒而欲衣，劳而欲息。幸福与人的基本生存需要是不可分割的。人们在现实中感受或意识到的幸福，通常表现为自身需要的满足状态。人的生存和发展的需要得到了满足，便会产生内在的幸福感。幸福感是一种心满意足的状态，植根于人的需求对象的土壤里。

然而，生活中很多人都希望自己拥有的再多一些，从来没有满足的时候。他们以为，若能得到更多的钱、更大的权力、更高的名位、更大的成就，就会满足。当他们达成这些目标，他们还是不满，因为永远都有下一个更远的目标在前面等待他们去完成，这就是欲望。欲望依据个人的年龄、知识层次、所处地位以及环境的不同而不同。就个人而言，在不同的时期有着不同的欲望，当一种欲望满足以后，新的欲望又会产生。欲望的产生永远比满足欲望的手段跑得快，欲望的满足只存在于完成时的那一刻，之后人们对它就再也没有兴趣了。

罗马政治学家及哲学家塞尼加也说：“如果你一直觉得不满足，那么即使你拥有了整个世界，也会觉得伤心。且让我们记住，即使我们拥有整个世界，我们一天也只能吃三餐，一次也只能睡一张床。即使是一个挖水沟的工人也可如此享受，而且他们可能比洛克菲勒吃得更津津有味，睡得更安稳。”“身外物，不奢恋”是思悟后的清醒，它不但是超越世俗的大智大勇，也是放眼未来的豁达襟怀。谁能做到这一点，谁就会活得轻松、过得自在，遇事想得开、放得下。

4. 平淡才是生活的本身

平淡的生活是开门七件事：柴米油盐酱醋茶。平淡的生活是每天做不完的生活琐事：带孩子、做家务、洗衣服。平淡的生活是一杯茶，一声问候。平淡的生活是规律，是习惯，是你每天的视而不见。平淡的生活是一天下来你也不知道都做了些什么，忙了些什么。然而，在这平淡中有着深情，有着实实在在的幸福。

比如在大雪飘飘的日子，围炉而坐就是一种幸福。室外北风呼呼地刮着，还有许多人在大雪天里冒着严寒为生活而奔波着。雪中送炭，那一盆炉火就是风雪中人人向往的幸福。围炉而坐者，因有风雪途中人作背景，便滋生出了暖暖融融的满足感和幸福感。

下班了，久等公车不至，急着赶回家的人翘首以盼，烦恼不已。然而，热恋中的人却能置身事外，他们相依相偎，讲着情话，缠绵不已，忘了周围的一切。车来了，女孩就要坐车回家，两人需暂时别离，他们是多么希望时间能够停滞，希望公车来得再晚一点。同样都是坐车回家，心境不同，悲喜两重天。

幸福，有时真的很简单。有个女孩每天坐车上下班，有段时间，她对好友说，她每天最幸福的事就是看到一个男孩，那个男孩和她坐同一路公车上下班。她不认识他，也不想知道他的名字，跟他交往。她的幸福缘于对男孩的一种外在的欣赏。

幸福有时还是某个瞬间的感觉，是一种无法用言语表达的精神上的体验。一位母亲在女儿 10 周岁生日的时候，把女儿叫到身边。她把一个蓝布包慢慢打开，出现在女儿面前的是 3 本用散纸装订成的泛黄的本子。在女儿依然不解的凝望里，母亲说："这是你的日记——从你出生的那天，直到今天，现在你 10 岁了，可以自己记了，我把它交给你，你自己接着记下去吧。"母亲的话很平淡，没有任何所谓的人生哲理。当女儿翻开那本日记的时候，她一生中最美丽的前 10 年便出现在眼前：哪天她会发哪几个音节了，哪天流鼻涕了，哪天尿了几次裤子，哪天又生病装小狗了……

原来，我们梦寐以求的幸福并非那么遥不可及，只要我们以最真、最纯、最原始的心去对待亲人，对待爱人，捕捉那令人感动的点点滴滴，幸福就会不知不觉地降临。

两位老人蹒跚着手牵手过马路，干黄的树叶落在老伴稀疏的头发上，老人伸出手，轻轻地拂去那片落叶，这样的关怀难道不是幸福吗？虽然他们不再年轻，不能再把鲜艳的花朵插在满头青丝上，但相牵的双手会让他们更加珍惜晚年，相牵着走完风雨人生路。

家中有一个活泼可爱的孩子，稚嫩的童音、花一样的容颜和一颗会唱歌的欢快的心，不就是每个家庭中最开心的事吗？而家中那一幅飘动的窗帘、一只只布娃娃、一串紫色的风铃不就是孩子的梦的延伸吗？

在居家的布置和装饰中，主角是女人。一盏心形的台灯、一幅甜蜜的双人合影，再放上如水的音乐，这温馨的卧室不正是心灵手巧的女主人用爱心营造出来的幸福吗？

在锅碗瓢盆的交响曲中，变换着花样做出可口的饭菜，这不就是用自己的心情点亮全家人的欢乐，幸福像火苗一样哔哔剥剥燃烧吗？

生活中有很多很多的幸福，它不是刻意表现在外的，也许它只是一个眼神，一个微笑，一次再平常不过的团圆饭……

懂得在平淡中寻找幸福和快乐的人，宛如心灵拥有一架美妙的琴弦，即使在琐碎的日子里也可以让心灵沉浸在欢欣、激昂的乐章里，向家庭播撒阳光和雨露。哪怕岁月在生命的季节里轻轻地滑过，只要珍惜眼前人、珍惜现在所拥有的一切，幸福就围绕在我们的周围，快乐就藏在生活的每个角落。

5. 简单的生活也有无边快乐

据一则新闻报道：10 多名企业高管和心理学者一起进行了为期 7 天的“自我禁闭”，体验了 7 天与世隔绝的生活。在这 7 天里，他们住在位于昆山的一幢封闭的独立住宅内，不得外出。每人一个小房间，每间三五平方米，窗户都拉上了窗帘。没有电视、电话，手机被暂时没收，不提供纸笔，参加者连续 7 天断绝与外界的一切联系。7 天后，参加的人都声称“体验到了从未有过的人生感悟”。他们觉得这种与世隔绝的方法确实能使自己彻底地安静下来，想一些长远的事情，所谓“定能生慧”。

平日里人们忙忙碌碌，却不知道自己忙的是什么，图的是什么，心里总是浮躁得很，要是能如新闻所说，闭关自省一段时间，也许会对人生有一个全新的认识。可惜世事纷繁，人们很少有定下心来的时候。日子一天天过去，晃晃悠悠、稀里糊涂地就过了这么多年。有的事情当时看得很重，寄托了那么多的情感，付出了那么多的心血，回头看都是过眼云烟，不值一提，而时间和生命就这么一天天地流逝了。

现在，不少人开始倡导过一种“简单的生活”。他们试着离开汽车、电子产品、时尚圈子，看能不能活得快乐。这被称为“草根运动”。他们强调简化自己的生活，而非完全抛弃物欲。

杨慧京自称是一个崇尚简单的人，在周围的人都热衷于大搞居家装修的时尚潮流中，她的房子没有装修就住进去了。她说：“装修的最高境界就是不装修。”“房子是给自己住的，不是给别人看的。”她还略带几分鄙夷地说："将自己居住的房子装修得像个五星级宾馆，简直是太土了！"在她看来，由着个性简单地装修一下，更顺眼，更舒服。在吃的方面，杨慧京认为粗茶淡饭足矣。穿的方面她更简单，一股简约劲风，把服装上的"零碎"都刮没了，简单得分不出男女。

身处现代社会，我们被太多的物欲驱使着——豪华的房子、尽可能多的金钱、体面能干的丈夫、出人头地的子女……随波逐流使我们精疲力竭，太多的追求使我们失去了心灵的自由。我们没有时间问自己这一切都是为了什么，自己真的需要这些吗，还是孩子气的逞强好胜？

简单生活就是静静聆听自己心灵的声音，弄清什么才是自己真正渴望的，不再按照别人的需要而活着，真正过自己的生活。

生活总因简单而真切，因真切而弥足珍贵，这就是简单给我们的启示。

实现简单生活需要心理的平衡，完全投入，完全自觉。如果要买一栋大房子，就要意识到它的利弊，有利就有弊，任何选择都会有负面影响。一栋大房子的好处就是舒适，或许令人激动。但为了支付房款，你得在工作上付出大量时间，还得放弃生活中的一些东西。几个月或几年之后，你会想，为什么我要为一栋大房子如此单调、无休止地工作、付款，付款、工作呢？

"菩提本无树，明镜亦非台。本来无一物，何处惹尘埃？"人生本是简单的，不要弄得那么复杂，不必为了奢华而耗费许多的精力。简单的生活，简单的快乐，轻松一点，怜惜自己一点，这样的生活才是自在而快乐的。

6. 欲望无边，回头是岸

欲望是一片海，人生是一叶舟。人生之舟能出去，还能回来才是最好的生活。能出去是一种本事，能回来是一种境界。许多人的失败和痛苦，不是出不去，而是回不来。只有懂得克制不切实际的欲望，又能不断加固自己的小舟，人生才能悠然自得。

据说上帝在创造蜈蚣时，并没有为它造脚，但是它仍可以爬得像蛇一样快。有一天，它看到羚羊、梅花鹿和其他有脚的动物都跑得比自己快，心里很不高兴，嫉妒地说："哼！脚愈多，当然跑得愈快。"它向上帝祷告说："上帝啊，我希望拥有比其他动物更多的脚。"

上帝答应了蜈蚣的请求，把好多好多的脚放在蜈蚣面前，任凭它自由取用。蜈蚣迫不及待地拿起这些脚，一只一只地往身体上粘，从头一直粘到尾，直到再也没有地方可粘了，它才依依不舍地停止。

它心满意足地看着满身是脚的躯体，心中暗暗窃喜："现在我可以像箭一样飞出去了！"

但是，等它开始要跑时，才发现自己完全无法控制这些脚。这些脚噼里啪啦地各走各的，它只有全神贯注，才能使一大堆脚不致互相绊跌而顺利地往前走。这样一来，它反而比以前走得更慢了。

由此可见，贪婪是一切祸乱的根源，不论做人处世，我们都必须控制贪欲。生活中很多人就像故事中的蜈蚣一样，无法控制自己的贪念，以致落入了陷阱。

诚然，人不能没有欲望，没有欲望就没有前进的动力，但人却不能有贪欲，因为贪欲是无底洞，你永远也填不满它，贪欲只会给你带来无穷无尽的烦恼。

有个方丈下山游说佛法，在一家店铺里看到一尊释迦牟尼像，青铜所铸，形体逼真，神态安然，内心大悦。他想，若能带回寺里，开启其佛光，记世供奉，真乃一件幸事。但店铺老板要价5000元，分文不能少，加上见方丈如此钟爱它，更加咬定原价不放。

方丈回到寺里对众僧谈起此事，众僧很着急，问方丈打算以多少钱买下它。方丈说："500元足矣。"众僧唏嘘不止："那怎么可能？"方丈说："天理犹存，当有办法。万丈红尘，芸芸众生，欲壑难填，得不偿失啊！我佛慈悲，普度众生，当让他仅仅赚到这500元！"

"怎样普度他呢？"众僧不解地问。

"让他忏悔。"方丈笑答。众僧更不解了。方丈说："只管按我的吩咐去做就行了。"

第一个弟子下山去店铺里和老板砍价，弟子咬定4500元，未果回山。

第二天，第二个弟子下山去和老板砍价，咬定4000元不放，亦未果回山。

就这样，直到最后一个弟子在第9天下山时，所给的价已经低到了200元。

眼看一个个买主一天天下去、一个比一个价给得低，老板很是着急，每天都后悔不如以前一天的价格卖给前一个人，他深深地怨责自己太贪。到第10天时，他在心里说，今天若再有人来，无论给多少钱，我都要立即出手。

第10天，方丈亲自下山，说要出500元买下它。老板高兴得不得了——竟然反弹到了500元！他当即出手，高兴之余另赠佛龛台一具。方丈得到了那尊铜像，谢绝了龛台，单掌作揖笑曰："欲望无边，凡事有度，一切适可而止啊！善哉，善哉！"

人生在世难免会面对很多诱惑，这时我们一定要保持清醒的头脑，学会有选择地舍弃。如果过于贪心，梦想着鱼和熊掌可以兼得，最终的结果可能是失去现有的一切。

请记住，欲望是海，节制是岸，懂得回头，幸福无边。

7. 最富有者，便是知足人

欲望是前进的动力，更是社会这架机器的“燃料”。一个有上进心的人不能没有欲望，但是，如果欲望过于庞杂，则可能让人走上迷途。

唐太宗李世民曾用明珠做比喻来告诫大臣们，千万不可贪赃枉法。他说，明珠虽然珍贵，但是人的生命比明珠更珍贵。假如一个人心中充满了贪婪的欲望，眼中只有金钱，而不怕国家的法律，那么这就是不爱惜自己的生命。拿宝贵的生命去换取明珠是最愚蠢的。

唐太宗还做过这样的比喻：鱼生活在水里，还怕不够深，又在水底的洞穴里寻找藏身之地，可是为什么还是被人类所捕获呢？就是因为鱼儿贪吃诱饵。他又比喻道，鸟把巢建在高高的树梢上，却还是成为人类的盘中餐，就是因为贪吃诱捕的谷物。因此，唐太宗再三要求大臣以国家利益和自家性命为重，不要迷失人生的方向，一定要去掉贪欲，不被金钱和物质利益所诱惑，以免落得身败名裂的下场。

古时有一个官场不得意的书生请教老子：“我读书奋斗多年，仍然谋不到一官半职，很惭愧，我该怎么办呢？”

老子笑了笑，然后慢条斯理地说：“名与身孰亲？身与货孰多？得与失孰痛？是故甚爱必大费，多藏必厚亡。知足不辱，知止不殆，可以长久。”

书生听后呆了半晌，两眼直勾勾地望着老子。老子见书生一副大惑不解的样子，便不厌其烦地说：“祸莫大于不知足，咎莫大于欲得。故知足之止，常足矣。”

书生这次听懂了，苦涩地点了点头，默默地走开了。

时不论古今，地不分中外，人类始终难以摆脱欲望，同时在欲望的角逐中又不时涌现出一些有明智之举的理性人物。

希腊有一个哲学家，到了八十高龄依然仙风道骨，非常健壮。有人问他："谁是世上最富有的人?"他斩钉截铁地说："知足的人。"

这句话恰和老子"知足者富"的说法如出一辙。

有一次，一个人问当代美国最富有的一位企业家，怎样才能致富？这位企业家不假思索地回答："节约。""谁比你更富有?""知足的人。""知足就是最大的财富吗?"这位企业家引用了罗马哲学家塞涅卡的一句名言来回答："最大的财富在于无欲。"

罗马大政治家兼哲学家西塞罗也说："对我们现有的一切感到满足，就是财富上的最根本保证。"

在西塞罗之前，希腊大哲学家伊壁鸠鲁说得更有趣，如果你要让一个人快乐，别增添他的财富，只要减少他的欲望。伊壁鸠鲁所说的道理，又和孟子所主张的"养心莫善于寡欲"之说有颇多暗合。伊壁鸠鲁主张人生的最大目的就是快乐，但并非指放荡的快乐或肉体上的享受，而是身体的不痛苦和灵魂不被侵扰。为了实践自己的学说，他平时只吃一点点面包，节日时才加点乳酪，他以这种方式在和谐的生存中追求着快乐。

现实中，人们往往因过分关心谋生度日的事情，或者过分贪婪而不能适可而止，在无意中忘却了生活的乐趣。所谓这山望着那山高，总以为别人手里的梨才是大个的，于是千方百计要争得比别人更大的梨。然而，人毕竟不是千手观音，只是一口而已，能容得下的福分也是有限的，贪得无厌反而会消化不良。

8. 把持住了欲望，就把持住了命运

“人心不足蛇吞象”这句俗语，再深刻不过地表达了人们贪婪的心理特征和行为特征。对于与自己能力不相符的目标过分欲求就是贪婪心理。人都是有欲望的，过上富足而轻松快乐的生活，追求文化享受，希望学业、事业都超过别人，这些都是很正常的欲求。正常的欲望是使人积极进取、乐观向上的动力。没有欲望的人容易消沉，欲望太盛的人也常会因贪得无厌而被欲望的重负活活压死，因此，把握分寸至关重要。

有个故事说：一个樵夫在河边砍树，突然，他的斧子飞离了树干，从手中落入水里。当他站在水边悲叹自己丢失的斧子时，智神墨丘利出现了，问他为什么如此伤心。了解缘由后，出于对樵夫的同情，墨丘利跳进河里，捞上来一把金光闪闪的斧子，问樵夫这是不是他掉进河里的那把。樵夫说不是。于是，墨丘利第二次跳进河中，又捞起来一把银光发亮的斧子，问是不是他的。“不，那也不是我的。”樵夫答道。

墨丘利再次跳进河里，这次捞上来的正是樵夫掉的那把。樵夫看到失而复得的斧子欣喜若狂，对墨丘利感激万分；而墨丘利也非常赞赏樵夫的忠厚老实，于是就把另外两把斧子作为礼物送给了他。

当樵夫把自己的经历讲给同伴听时，其中一个人对他的好运气十分嫉妒，决定也去碰碰运气。于是，他也去河畔砍树，并故意将自己的斧子丢入河水中。墨丘利像以前一样出现了，知道他的斧子落入水中后，像上次那样跳进河里捞起一把金斧子。没等到墨丘利说话，这个人就叫道：“那

是我的，是我的。”并伸出手急切地想拿到那把斧子。墨丘利对他的不诚实十分恼怒，不仅拒绝把金斧子送给他，就连他自己丢在水中的那把也没有还给他。

一个贪求厚利、永不知足的人，等于是在愚弄自己。用短暂的生命去争名夺利，是对生命的极大蔑视和摧残。贪婪带来的祸患是最快速的，多少人在一念间把持不住自己而丢财、丢官、丢性命。

与贪婪相反，淡定、知足则是一种智慧。

有一个小孩，大家都说他傻，因为如果有人同时给他 5 毛和 1 元的硬币，他总是选择 5 毛，而不要 1 元。有个人不相信，就拿出两个硬币，一个 1 元，一个 5 毛，叫那个小孩任选其中一个。结果，那个小孩真的挑了 5 毛的硬币。那个人觉得非常奇怪，便问那个孩子：“难道你不会分辨硬币的币值吗?”孩子小声地说：“如果我选择了 1 元钱，下次你就不会再跟我玩这种游戏了!”

这就是那个小孩的聪明之处。的确，如果他选择了 1 元钱，就不会有人继续跟他玩下去了，而他得到的也只有 1 元钱！但他拿 5 毛钱，把自己装成傻子，傻子当得越久，他就拿得越多，最终他得到的将是 1 元钱的若干倍！因此，在现实生活中，我们不妨向这个“傻小孩”看齐——不要 1 元钱，而取 5 毛钱！这一取一舍之间深含人生哲理。

9. 持平常心，内心清净便是福

在大多数人看来，生活应该是一幅充满热情和刺激的图画，追逐、憧憬、热烈，构成了这幅画的主基调。但是，现实生活中并非人人都如此奔放，不同的际遇造就了不同的人生。而那些平淡的生活所组成的画面，才是人生中最绚丽的色彩。

可以说，一个人最大的敌人就是自己的贪欲之心。当欲望之火被点燃后，烦恼就来敲你的心门了。当你开始计较得失，贪求更多时，痛苦便来缠身了。

从前有个百万富翁，每天让他劳神费心的事情跟他拥有的财富一样多。所以，他每天都愁眉紧锁，难得有个笑脸。

在百万富翁的隔壁，住着磨豆腐的小两口。曾有谚语说，人生三大苦，打铁撑船磨豆腐。但磨豆腐的小两口却乐在其中，一天到晚歌声笑声逗乐声不断地传到百万富翁的耳朵里。

百万富翁的夫人问丈夫：“我们有这么多钱，怎么还不如隔壁家磨豆腐的小两口快乐呢?”

百万富翁说：“这有什么，我让他们明天就笑不出来。”

到了晚上，百万富翁隔着墙扔了一锭金元宝过去。第二天，磨豆腐的小两口果然鸦雀无声了。原来，这小两口正在合计呢！他们捡到了“天上掉下来的”金元宝后，觉得自己发财了，磨豆腐这种又苦又累的活以后是不能再干了。可是，做生意吧，赔了怎么办；不做生意吧，总有坐吃山空的那一天。丈夫心里还想，生意要是做大了，是该讨房小的呢还是该休了现在这个黄脸婆；妻子则在琢磨，早知道能发财，当初就不该嫁给这臭磨豆腐的。之前快乐得很的小两口寻思呀琢磨呀，谁也没有心思说笑了，烦恼开始占据他们的心灵。更令小两口痛苦的是，为什么天上不能多掉几个金元宝呢，这样就能想买什么就买什么了。

贪欲之心产生后，种种烦恼随之而来。生活本身是乏味的，日出而作，日落而息。然而，有的人为了名利、金钱、地位，忙得身心疲惫。许多人一生都在感叹："我这一辈子，没有一刻让自己安宁过。"直到死时才悟出一点道理：原来是自己的欲望贪心"杀"死了自己。

现实中，过日子不外乎两种过法：一是穷过，一是富过。穷过日子的人自有过穷日子的理由。不能说他没本事，也许他安于现状，觉得这才是生活。就像住惯了平房的人住楼房，总有些不习惯。平房可以养花种草、喂鸡养狗，而住楼房最多只能养几盆花。住平房的人觉得还是住平房好，可以干很多事，可以让自己在自由的忙碌中得到心灵的安宁。而富过日子的人也住不惯平房，嫌打扫卫生麻烦，不时髦，也没有面子。

过日子就是这样，除了买菜做饭、打扫卫生、上班下班、应酬交际、送孩子上学、陪老人逛街或者读书之外，每一天都是这么开始的，每一天都是这么过去的。然而，穷和富只是自己心里的感受，别人看不出来。如果要为自己过，不奢求，顺其自然，坦坦荡荡地应对生活，从从容容地感受生活，这就是一种好心态。这种心态不需要标榜和炫耀，不需要别人的承认和赞美。人生不怕平淡的日子，只怕生活的感觉不真实。生活不怕困难的日子，只怕没有真情存在。拥有简单思想的人过着简单的生活，就是一种幸福。然而，思想一旦变得复杂起来，就不会满足于现实的生活，总想追求更高更好的生活层次，在情感上也想拥有更多，这时生活的烦恼也会随之而来。

为什么辩证法很伟大，因为它让人从多种角度看问题，而不是轻易下结论。生活中我们不妨多用辩证法，当然，这不是阿 Q 精神自慰法。比如你羡慕别人，解决方案是这样的：你去了解他的生活后，你会发现他还不如你呢。下面这则故事足以说明其中的道理。

两个小孩各自住在山坡上。有一天，乙对甲说："我看到了一座金房子。"甲顺着他的方向看到了自己的房子，果然金灿灿的。乙有些自卑起来。没过几天，甲对乙说："我也看到了一座金房子，你看，就在山那边。"乙也看到了一座金房子，而那座房子正是乙的家。其实，这两座房子都是用黄色的木料盖成的，里面住的都是穷人。但在傍晚，夕阳晚照的时候，房子真的在闪光。

后来，两个孩子都知道了金房子里住着的贫穷的主人。再后来，在他们的人生中，他们再也没有羡慕过别人。

生活中，我们可以去追求、选择自己喜欢的生活方式，却无法摒弃生活的本质。生活就是一杯水，贫与富、贵与贱，都是我们根据自己的心态和能力为生活添加的调味品。有人喜欢丰富刺激的生活，就把它拌成多味酱；有人喜欢苦中作乐的生活，就把它搅成浓咖啡；有人喜欢在生活中多加点蜜，就把它和成蜜糖水；有人喜欢把生活泡成茶，细品其中的甘香；还有人什么也不加，只喜欢原汁原味的白开水；更有人不知不觉地把生活熬成药，甚至是毒药，亲手把自己的生活埋葬。

不管怎样，酸、甜、苦、辣都是生活的滋味，平淡则是生活的基调。刻意追求卓越的生活，只会陷入庸人自扰的苦海。整天都是鲜花和掌声，这样的日子迟早会让人腻烦。而没有鲜花和掌声的日子虽然清淡，却也悠然自得。

10. 经得起诱惑，守得住寂寞

“板凳宁坐十年冷，文章不写半句空。”古往今来，凡能有大成就者，无一不是能够沉得住气、耐得住寂寞的人。司马迁于落寞中奋笔疾书，成就了史家之绝唱《史记》；曹雪芹披阅十载，增删5次，成就了传世巨著《红楼梦》；陈景润身处陋室埋头钻研，完成了哥德巴赫猜想……可以说，寂寞是一个人成长的必经之路，尤其是在当今这样一个激情澎湃的时代，能否忍受寂寞，也是考验一个人能否成才成功的试金石。能够耐得住寂寞，才能够远离心浮气躁与急功近利，脚踏实地埋头苦干，集中时间、精力和智慧，专注于某一项事业，平心静气地踏实前行，如此才会有收获、有进步。成才成功之路，其实是一个不断熟悉寂寞、品味寂寞并超越寂寞的过程。

一位年轻人写信给潘石屹，信中述说他刚大学毕业，找到了一份不错的工作，但是，公司里同事之间竞争激烈，主管经常刁难，他很想换一份工作，但又舍不得这份不菲的待遇。他问潘石屹，他该怎么办。

潘石屹在回信中给他讲了一个故事：

明朝有位书生屡试不第，生活穷困潦倒，整天唉声叹气。他虔诚礼佛，常想，要是能得道成佛，摆脱困苦，该有多好啊！

一天夜里，他梦见自己遇上了文殊菩萨，于是恳求文殊菩萨：“让我做您的童子吧。”

文殊菩萨微笑着问他：“为什么？”

书生说：“红尘悲苦，我早已厌倦了。”

“其实，红尘中不全是悲苦，也有很多美好的事物。”文殊菩萨面色宁静如水，“要是成了我的童子，你就要永远远离这个烟火红尘，你确定吗?”

“确定!”书生肯定地回答。

文殊菩萨笑了，一脸深意：“你来看看这个。”文殊菩萨拿出一面铜镜，手轻轻一拂，铜镜中出现了一幕场景：一位仙童正摇着文殊菩萨的胳膊说：“师父，您就让我下凡去做一个凡人吧，求求您了。”“为什么要做凡人呢？要知道，做一个仙人是多少凡人朝思暮想的啊!”仙童的语调忽然忧伤起来：“蓬莱寂寞啊，师父！有美酒，却只能独酌；有仙乐，却无人共赏。师父您出外论道的时候，偌大的仙山只有我一个人，只有孤独和无边的寂寞。”仙童边说边举起如婴童般稚嫩的手臂，“师父您看，我都500多岁了，还长得这么一副童子模样。500年了，十几万个日日夜夜，您知道我是怎么度过的吗?”仙童说得十分动情，眼中隐隐有泪花闪现。

或许是最后一句打动了文殊菩萨，文殊菩萨一声轻叹。书生还想再看，文殊菩萨已经撤了铜镜：“这是我的一位仙童，他跟你恰恰相反，他最想做个凡人。”书生一听雀跃而起：“那不正好，我正好跟他换换……”“可是，你知道吗，”文殊菩萨打断了书生的话，“这位仙童就是你的前世。”“我的前世?”书生满脸惊愕。“是的，他正是你的前世。”文殊菩萨语调深沉，“你受不了仙界的清淡寂寞，才自愿舍了500年的修行。你说，只要能到凡间历一番轮回，享受一下凡人的爱恨悲欢，无论如何，你都甘愿！我这次来，就是想看看你在凡间过得怎么样。”

后面文殊菩萨说了什么，书生根本没有听清，他陷入了极大的惊愕、矛盾和深深的思索之中。“好好想想吧，等你做好了决定，我会再来的。”文殊菩萨化作一阵清风，飘然而去。书生醒了。桌上，半根红烛正艳；窗外，一轮圆月幽明；堂上供奉的文殊菩萨塑像，正含笑不语。

从此，这位书生像换了个人似的，再也不怨天尤人了。他娶了一位朴实的村姑，生了几个伶俐的儿女。忙时，耕田种菜；闲时，吟诗赏月；他整天笑容满面，过得逍遥自在，在俗世享年87岁。

故事说完了，潘石屹最后这样总结道：红尘悲苦，蓬莱寂寞！这个世界上，又哪来完美的人生呢？你想换份工作，其实是在逃避工作中出现的矛盾。在你的心态修炼好之前，换个工作环境是徒劳的。面对不好的境遇，我们最需要修炼的是自己的心态，一种低处积累淡看宠辱的胸襟，一分坚忍不拔缓慢崛起的斗志。

台湾著名作家刘墉曾经说过，年轻人要过一段“潜水艇”似的生活，先短暂隐形，找寻目标，耐住寂寞，积蓄能量，日后方能毫无所惧，成功地“浮出水面”。胸无大志的人，是耐不住寂寞的，他们常常被外面的花花世界所干扰，最后在朝三暮四的动摇与徘徊之中浪费自己的大好时光。如果你有开创事业的远大志向，能够在浮躁的环境中真正静下心来，踏踏实实地走好每一步，坚守住寂寞，就一定能获得惊人的成就，也会对生活中的寂寞和快乐有更多的感悟。

很多年前，有一个养蚌人想培育一颗世界上最大最美的珍珠。于是，他一大早就来到沙滩上准备挑选沙粒。他耐心地询问一颗颗沙粒，问它们愿不愿变成一颗美丽的珍珠，但那些沙粒都摇头说不。直到黄昏他快要绝望的时候，终于有一颗沙粒答应了他。旁边的沙粒都嘲笑那颗沙粒，说它不是傻瓜就是弱智，去蚌壳里住，深藏海底很多年，远离亲人朋友不说，还见不到阳光雨露，享受不到明月清风，甚至还缺少空气，只能与黑暗、潮湿、寒冷、孤寂为伍，实在是太不值得了。

可是，那颗傻傻的沙粒还是无怨无悔地随养蚌人去了。

几年过去了，那颗沙粒成为了一颗晶莹剔透、价值连城的珍珠，它周游列国，在让人们欣赏自己的美丽的同时，也赢得了人们的尊重和赞美。

而曾经嘲笑它的那些伙伴，依然是一颗颗沙粒。

人生正是一个自我修行与修炼的过程，当你发现了生命与工作的意义，找到了自己的方向，就应该耐得住寂寞、经得起诱惑、扛得起挫折，永不放弃希望与努力。当走过黑暗与苦难的长长隧道之后，你或许会惊讶地发现，平凡如沙粒的你，不知不觉中已成长为一颗璀璨耀眼的珍珠。

11. 欲望之树要常修常剪

据说，欲望是人间一切坏事的根源。要克制自己的欲望，抵挡住诱惑，就必须请出另外两位角色：一位叫灵魂，它是欲望的导师，引导欲望升华，于是人类有了艺术、道德、宗教；另一位叫理性，它是欲望的管家，对欲望加以管理，于是人类有了法律、经济、政治。瞧，人类的一切好东西，或是欲望创造的，或是为对付欲望而创造的。欲望始终是其中的主角。由此可见，有欲望是人生的常态，但我们必须学会管理欲望，人生才能有所得。

一位资深记者曾去采访美国纽约一家芭蕾舞团的首席女芭蕾舞星。当记者问她“您最喜欢吃的食物是什么”时，这位曼妙动人的舞蹈家兴奋地回答：“冰淇淋啊！”记者对这个答案感到非常惊奇，因为冰淇淋这种甜食含有很高的热量，吃多了会增加体重，这对舞蹈演员来说可是致命的打击！于是，记者又追问道：“那您隔多久会让自己放纵一次呢?”女舞蹈家的回答是：“我至少有 18 年没有尝过那种美妙的滋味了！”

在日常生活中，像冰淇淋这样的美味诱惑无处不在，金钱、地位、名誉、情感等的诱惑实在太多了。因攫取金钱而驻足、因渴望名誉而躁动、因思谋地位而难眠的例子比比皆是。

陈芳 10 多年前大专毕业后，被分配到一家事业单位工作，过着不咸不淡的生活。一年前，一场同学聚会打乱了她的心。有的同学升迁了，在单位呼风唤雨；有的同学财运亨通；有的同学成功跳槽到大城市发展。而陈芳现在那点可怜的工资仅够还房贷。她做梦都想发财，也想像那些小有成就的同学一样，有车有房有公司，过上体面的生活。陈芳决定自学会计，并很快考取了会计从业资格证。她还学了电脑，并且擅长图文设计。她想当兼职会计，但薪水不高；又想开电脑图文设计店，但却下不了辞职的决心。后来，她看周围的人有的推销洋酒，有的做保险，都赚了一笔，也想去尝试一下。她想赚了钱到大城市买一套房子，把儿子送到外国留学，还想一家三口到全国各地去旅游。

陈芳的欲望很多，身在单位心在欲城，想东想西，晚上经常失眠，人也越想越憔悴，结果什么梦想都没有实现，还生了一场大病，住进了医院。

生活中类似的例子很多。陈芳在单位干了10多年，因为欲望不多，生活也很平静安逸，后来却想一飞冲天变成人人羡慕的“白天鹅”。太多的欲望相互缠绕在一起，压得她抬不起头来，也不知如何下手，终于被欲望这座大山压垮了。

人不能没有欲望，没有欲望就没有进取的动力。但是，在物欲横流的环境中，欲望太多会淹没自己，使我们误入歧途，葬身欲海。

所以，当欲望过多时，我们要修剪欲望，剪去枯枝败叶，剪断旁逸斜出的虬枝，减轻欲望之树的压力。我们可以把欲望分类，首先把永远不可能实现的欲望淘汰出局，别让自己迷失在虚幻的欲望中；再把不健康的欲望剪去，不健康的欲望一旦发酵就会疯长，挤掉健康的欲望让人为之疯狂；接下来把可有可无的欲望删减，最大限度减轻欲望之树的负荷；最后把剩下来的欲望分为点缀类和必须类加以实现。必须类是迫切需要实现的健康欲望，“点缀类”是属于锦上添花的健康欲望。潜下心来按部就班，先实现必须类，再朝点缀类努力，切不可胡子眉毛一把抓，搅在一起只会越搅越烦。况且我们也没有那么多的精力，渐次突破、步步为营，才会越活越有信心。

古往今来的智者、贤者，之所以能够成就大事，莫不是善于修剪欲望的枝蔓，修炼内功，追求内心的纯净。我们要找回生命失落的价值，也必须从对欲望的执迷中退出来，找回生命中第一性的东西，还生命以清净和自由。

12. 在诱惑的世界中让心 Hold 住

“天下熙熙皆为利来，天下攘攘皆为利往。”这句出自《史记·货殖列传》的话，在2000年前就为世人阐明了人生在世所必须面对的种种利益往来。

随着生活节奏的加快，来自生活各个方面的压力越来越大，诱惑也越来越多：金钱、豪宅、豪车、荣誉、地位，等等，你是否能真正清醒地认识自己的处境和需求，懂得节制，Hold 住内心的欲望呢？

有这样一个穷人，他没有收入，没有住所，也没有任何亲人，依靠每天沿街乞讨艰难度日。每当看到从自己身旁经过的富人，他都会拼命地磕头作揖，希望能多讨得几个怜悯钱。一天晚上，这个穷人蜷缩着身体依偎在桥洞的一角，自言自语道：“如果有一天，我有了钱，一定不会像这些世人那样吝啬……”

他的话被一个路过的精灵听到了。精灵决定帮助这个穷人改变命运，于是，他来到穷人身边说：“我听到了你的愿望，我可以帮你实现它。”接着，精灵取出一个黑色的布袋交给这个穷人，说：“这个布袋里永远都会有一枚金币，取之不尽。但是，当你认为钱已经够用，并且开始使用从布袋里取出的钱时，这个布袋也就会失去这个功能。”

穷人欣喜若狂又充满狐疑地呆在那里，等他明白过来的时候，精灵已经消失了。穷人手忙脚乱地打开身边的布袋，里面果然有一枚金币。他拿出来后，再次伸手进去，里面又有一枚……于是，整整一个晚上，穷人不停地从布袋里拿出金币来。天蒙蒙亮的时候，他身边已经堆起了一座小小的金山，他高兴得手舞足蹈，想着自己以后终于可以衣食无忧了。

这时，穷人感觉到了饥饿，他想去买一些可口的早点，但是一想到布袋中再也不能取出金币来，他又犹豫了。于是，他坚持饿着肚子不停地从布袋里拿出金币。就这样，3 天过去了，他的金币越来越多，足够他买豪车、豪宅了，一辈子都不用再担心受冻挨饿了，可他仍不满足，希望自己成为世上最有钱的人。

5 天过去了，他不吃不喝拼命取出的金币已经快堆满一间屋子了。但他还是觉得不够，他虚弱地趴在金山上，有气无力地说："我还要更多的金币。"

最后，他终于筋疲力尽地晕了过去，然后死掉了……

故事中的穷人最终因为没能 Hold 住金钱的诱惑而失去了生命。换位思考一下，换作我们任何一个人，要想中途停下不再取出金子，或许也会感到困难。但是，当你真正放下后，你会发现你的选择是正确的，你已经获得了足够多的金子，生活可以得到很大的改善，可以富足地安享晚年，也不会因此丢掉性命成为人们的笑柄。

生活中，我们时刻都会面对类似的诱惑，所以我们必须学会控制自我的欲望，适时放弃、抵制诱惑，否则，我们就会被诱惑所诱导，成为欲望的奴隶，从而迷失自我，甚至失去已经拥有的东西。

下面有个关于爱斯基摩人的故事：据说爱斯基摩人有一套世代相传的特别有效的捕狼的方法。在严冬季节，他们会在锋利的刀刃上涂上一层新鲜的动物血，等血冻住以后，接着涂第二层血，等冻住后，再涂第三层血……如此反复，刀刃最终被冻血埋藏得严严实实。

这时，他们将刀反插到地上，也就是将刀把扎在土里，刀尖朝上。当狼顺着血腥味找到这把刀时，会兴奋地舔食刀上新鲜的冻血。血液在融化时会散发出强烈的气味，这种强烈的血腥味刺激着狼越舔越快，越舔越馋，越馋越用力。不知不觉中，狼将所有的血都舔干净了，锋利的刀刃暴露出来。

这时狼已嗜血如狂，继续猛舔刀刃。在血腥味的诱惑下，它没有感觉到舌头被划开的疼痛。在北极寒冷的夜晚，狼丝毫没有意识到自己这时舔食的正是自己的鲜血，反而变得更加贪婪，舌头舔食得更快，血流得更多，直到精疲力竭地倒在地上，被爱斯基摩人活捉。

生活中，内心充满贪念，不懂得适可而止的人，不正如舔食血的狼一样吗？他们在外界的诱惑下，失去理智，被无休止的欲望折磨得疲惫不堪，最终耗尽自己的精力，继而付出惨重的代价。

在诱惑面前及时刹车，才能远离那些纷争和贪欲，让自己的生命没有沉重的精神负累，从而轻装前行，更容易接近自己的梦想，找到心灵的乐园。

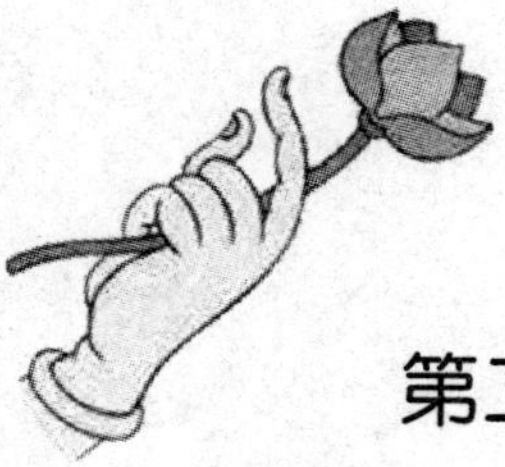

第二章　取舍有道，拿得起更要放得下

佛经上说：“如何向上，唯有放下。”放下的过程，也是得到的过程。当你紧握双手，里面什么都没有；当你松开双手，世界就在你的手中。放下不等于软弱，不等于溃败，不等于沉沦；放下是否定旧我，更是树立新我。收回拳头不是怯懦，而是为了更好地出击。所以，只有懂得放下的人，才能真正认清自我，去追寻灿烂美好的明天！

1. 鱼和熊掌的选择题

人生是由无数个选择题组成的，而生活也是一道道独一无二的考题。孟子的“鱼和熊掌不可兼得”似乎让人生的命题更加泛化了，那许许多多无法回避的选择题充斥在每个人的生命中。或许从某种意义上说，每个选择的背后都是一个鱼和熊掌的故事。

美国前总统林肯曾经说过：“那些所谓聪明的人，他们的聪明之处就在于他们知道什么是选择，如何做选择。”从表面上看，选择题无非是一个简单的程序，但是人们常常无法轻松而坦然地面对选择，总有些取舍让我们无处可逃，不知所措。

很多人都听过著名的布里丹毛驴效应。哲学家布里丹养了一头小毛驴，每天他都会到农场的农户那里买一些新鲜的草料来饲养小毛驴。农户很敬佩哲学家，有一天额外送给布里丹另一批草料。小毛驴本来安心地吃着草料，但是当新的草料出现时，小毛驴开始犯起难来，无法确定哪一堆草料更好吃，它左看右看，始终拿不定主意。最后，小毛驴在犹豫不决中饿死在两堆草料面前。

生活中，我们是否也会犯这头小毛驴一样的糊涂，面对选择犹豫不决？我们常常希望同时拥有所有美好的东西，虽然我们未必会付出和小毛驴一样惨痛的代价，但在左摇右摆的过程中，难免不成为布里丹效应的践行者。

有两个禅师是同门师兄弟，有一次，他们结伴外出，当时的出家人肩上都会背一个铲子。这个铲子的作用是随时可以开展种植生产，比如带上一块洋芋，将洋芋切成 4 块埋在土里，不久洋芋就会长出来，解决了出家人的吃饭问题，也就不需要四处化缘了；还可以在路遇死去的生物时把它埋掉。

两个禅师走着走着，突然发现一个逝者，其中一个禅师拿出铲子开始挖土，准备将其掩埋；另一个却扬长而去，甚至连看都没有看一眼。

有人去问他们的师父："您的两个徒弟都是开悟的禅师，我刚看到他们对待死人的态度，却有着截然不同的表现。究竟谁做得对呢？"师父说："埋他的人是慈悲，视若不见的人是解脱。因为人死后最终都会化为泥土，放在地面和埋在地下结果都是一样的。所以，埋也对，不埋也对；取也对，舍也对。"

我们常常向往取得，最好多多益善。然而，取舍之间也是讲究平衡的，往往我们取得多少，也会相应地失去多少。

其实，当我们静下心来细想，就应该为自己得到一个选择而庆幸，能够有所得，本身就是一件值得高兴的事情，何必令自己在纠结中让幸福演变成痛苦的折磨呢？

在一次洪灾中，一个小女孩和一个老人同时被困，有个水性极佳的壮汉救下了小女孩，但由于分身乏术，他没来得及救下老人，老人被洪水冲走了。小女孩得救后，壮汉开始自责起来，觉得自己本可以救下那个老人，但老人却因为他没有来得及施救而葬身洪水之中。他越想越难过，于是就坐在河边痛哭起来。

一位高僧路过此地，见壮汉伤心不已，以为他是因为有亲人在洪水中丧生而痛哭，于是上前劝慰壮汉。壮汉将事情的原委告诉了高僧，并为自己没有救下老人而不停自责。高僧听后劝解他说："施主明明已经救了一条人命，为何还这样自责呢？假如当时你并不在场，后果会怎样？"

壮汉认真想了想，说："那个小女孩也会被洪水冲走。"高僧又问："那么现在的情形呢？比那种情形要糟糕很多吗？"

壮汉听了恍然大悟，于是解开了心结。

其实，我们不妨设想一下，如果摆在我们面前的选择题，选项都很不错，那么无论选择哪一个，都是不错的；即便选项很普通，但有所选择总比被指定要更加主动和积极；如果两个选项都不太好，那么无论选择哪一个，最坏的结果也就仅限于此了。

所以，当我们面对选择举棋不定、斤斤计较时，不妨从另一个角度审视自己的选择。当得失之间的界限不再那么刺眼，我们就可以相对理智而平静地做出适合自己的选择。

鱼和熊掌的选择题是一道经典的人生思考题，我们之所以会犹豫不决，恰恰是因为希望得到一个更好的结果，甚至希望可以同时得到两种好的结果，或者同时避开两种糟糕的结果。所以，保持内心的平静，可以让人生变得简单而明了，选择便少了很多鱼和熊掌的无奈，自然也就没有了左摇右摆的揪心之感。

2. 放下包袱才能轻松前行

世间有太多美好的事物，为了拥有更多的美好，许多人一直在苦苦地寻找与追求。为了获得，人们整天忙忙碌碌，然而真正的所需所求往往要在经历许多事后才会明白；对于已经拥有的美好，人们又因为得而复失的经历而存在一份忐忑与担心。夕阳易逝的叹息，花开花落的烦恼，使许多人认为人生本是不快乐的！

其实，对万事万物，我们都不可能有绝对的把握。拥有的时候，我们也许正在失去；放弃的时候，我们也许又在重新获得。如果执意去追逐拥有，就很难放下身外物继而走出自己，人生那种不由自主的悲哀与伤感便会更加沉重。

一个青年背着一个大包裹，千里迢迢跑来找无际大师，他说："大师，我是那样的孤独、痛苦和寂寞，长期的跋涉使我疲倦到了极点；我的鞋子破了，荆棘割破了双脚；手也受伤了，流血不止；嗓子因为长久的呼喊而喑哑……"

无际大师问："你的大包裹里装的是什么？"青年说："它对我可重要了，里面是我每一次跌倒时的痛苦，每一次受伤后的哭泣，每一次孤寂时的烦恼……靠了它，我才能走到您这儿来。"

无际大师带青年来到河边，他们坐船过了河。上岸后，无际大师说："你扛上船赶路吧！""什么，扛上船赶路？"青年很惊讶，"它那么沉，我扛得动吗？""是的，孩子，你扛不动它。"无际大师微微一笑说，"过河时，船是有用的，但过了河，我们就要放下船赶路。否则，它会变成我们的包袱。痛苦、孤独、寂寞、灾难、眼泪，这些对人生都是有用的，它能使生命得到升华，但须臾不忘，就成了人生的包袱。放下它吧！孩子，生命不能太负重。”青年听了放下包袱，继续赶路，发现自己的步伐轻松而愉悦，比以前轻快得多了。

原来，生命是可以不必如此沉重的。就像拾贝壳的小女孩，她刚到沙滩上便捡了两手贝壳，妈妈对她说：“先放下手中的，等会你才能捡到更美的贝壳。”小女孩的妈妈想以此告诉她：想要得到一些，就得舍弃另外一些，不管她愿不愿意。

生活中总有我们无能为力的时候，这时就要学会放弃，而不是在一棵树上吊死。在沙漠里驮着金子走不动的旅人为何不肯卸下金子，轻松寻找维持生命的水源呢？如果因为金子渴死在沙漠里，再多的金子又有什么用？所以，放弃何尝不是一种明智之举，放弃何尝不是一种收获！

那么，你有没有检查过自己有形的和无形的“背包”？你的背上扛了多少不必要的包袱？你过去的失败，你说过的错话，你做过的错事，是不是还一直背在身上？以前那些不愉快的事，那些让你愤恨的人，你是不是还没有放下？你还准备扛多久？

如果你希望人生旅程是快乐的，就应该尽快放下身上的包袱，丢弃那些多余的负担，丢掉那些旧的恐惧、旧的束缚、旧的创伤，放下任何“不值得”背负的东西。即使事情是最近才发生的，即使是刚刚才发生的，你也应该学会放下。

天使之所以能够飞翔，是因为她有轻盈的人生态度。当给她的翅膀系上黄金时，她也就飞不高飞不远了。做人也应该如此，放下人生的种种包袱，才能够轻装上阵。

3.“后退”是一种策略，更是一种智慧

关于人生中进与退的技巧和道理，有时在棋局中更能清晰地显现出来。人生如棋，而人生这一盘棋只有一局，或胜，或负，或和，每一步都与进退有关。有时候，一步错则步步错，从头再来的可能性很小。有时候，以退为进，反败为胜，又出其不意。所以，棋局中的进与退，无不透露出人生点点滴滴的智慧。

进，通常被视为主动，积极进取，这也是大多数人提倡的生活态度。

退，通常被视为被动，而选择后退，并不一定是一种消极的态度，有时更是一种策略。

人们常说的“退一步海阔天空”更是把退的智慧概括得无比精妙。退一步可使自己的头脑更冷静地思考，使自己有更多的时间去充实自己，调整身心状态，换言之，只有拥有了海阔天空的胸怀，才能真正懂得如何退一步。

一个登山队员有幸参加了攀登珠穆朗玛峰的活动，由于体力不支，他在爬到6400米的高度时便停了下来。当他说起这件事时，大家都替他感到惋惜，问他为何不再坚持一下，再攀一点高度，再咬紧一下牙关。

他立马回答道：“不，我最清楚，6400米的海拔是我登山生涯的最高点，我一点都没有遗憾。”

在人生的大道上，有时候认清自己，在恰到好处时戛然而止不失为一种明智的选择。悠然下山也是一种征服，征服了自己的欲望。毕竟生命中

有些事需要及时收场，需要重新再来。

退一步，并不是让你放弃既定的生活目标，放弃对事业的不懈努力和追求，而是放弃那些不切实际的生活目标。退一步，并不一定是无能的表现，并不一定是遇难畏惧、临阵脱逃的借口。有时候，退一步恰恰是一种心灵高度的跨越，是一种拿得起放得下的超脱。学会退一步，而后获取，是人生的一种智慧、一种哲理、一种艺术。

曾经名满天下的凤凰卫视主持人吴小莉，如今已很少在荧屏上露面，而是转到了幕后。很多人问她从台前到幕后的转变会不会有失落感？她回答说："我退到幕后既是事业的需要，也是我个人的主动选择。从事管理工作当然少了很多观众的关注与追捧，但我会找到另一种满足。虽然工作岗位有了变化，但当新闻大事发生时我其实仍然在场。我个人和我们的频道共同存在着，所以不会有失落感，而是换了另一种成就感。我主动选择这样的岗位是因为这样生活要稍微规律些，可以调配出时间来照顾我的家庭。"

在分秒必争、名利挂帅的现代社会，有时我们不妨换个角度看世界，退一步把根基扎稳，蓄势待发，以后的路才会越走越顺畅，这样岂不是加速向前！

审时度势，选择人生的进与退，把主动权掌握在自己手里，命运的主宰可以与我们无关，有时候，人生中真正的对手就是我们自己。

4. 放下面子，不放下尊严

生活中，面子不仅影响着人们的消费方式，影响到理财，更重要的是，面子还影响着人们的职业生涯，甚至决定了一个人的命运。按说人们在社会上凭工作能力获得收入，合法合理合情，跟“面子”没有什么关系。但是，人们总是讲究一种看不见摸不着的“面子”，似乎这种“面子”比生存还要重要，哪怕自己生活困难，依靠政府低保或啃老也不愿“屈就”。这种心情虽然可以理解，但如果把社会上的一些合法工作岗位也用“面子”来分成三六九等，并不切实际地加以吸纳或排斥，这就有百害而无一利了。在社会竞争如此激烈的今天，每一个工作平台都非常宝贵，而对每一位就业者来说，只有有了平台，才能发挥自己的能力，如果连个平台都没有，如何展示自己？

迈克是耶鲁大学的毕业生，他毕业时正赶上美国经济萧条，大批大学毕业生找不到工作，就连迈克这样以前备受欢迎的经济管理专业的毕业生也大量过剩。为了解决生计问题，迈克决定和几位普通院校的毕业生一起去一家小出租车公司应聘做出租车司机，并邀请大学同班同学一块去应聘。但他的想法遭到了同学们的耻笑，他们说：“我们可是耶鲁大学的毕业生，怎能去做出租车司机那样的工作？太没面子了！”结果，全班只有迈克一人做了出租车司机，其他人都在盲目地寻找有面子的工作。

因为懂经营管理，迈克的出租车生意异常红火，不久，出租车公司的经理看中他的才能，把他调到身边做自己的助理。几年后，经理岁数大了，想退休，但却没有子女愿意经营他那只有十几辆车的小公司，于是，经理找到迈克，以极低的价格把公司转让给了他。有了自己的公司后，迈克更积极地发挥自己的才能。又过了几年，他已拥有1000多辆各类汽车和两家子公司，资产达上亿美元，而他的同学大部分仍只是普通的白领。

生活在世俗的标准和眼光之中，本身就是一种痛苦、一种悲哀。真正自信的人是不会背负面子的十字架的。只要是自己能够胜任的岗位，就可以当成“理想”的岗位，护理工、环卫工都是必须有人来做的，这些岗位虽然艰苦，虽然很没“面子”，但是“面子”是通过自己的劳动付出赢得的，而不是自己硬争来的。当一个人在最普通的岗位上做到很出色时，同样能受到人们的尊重，也同样很有“面子”。

安玛莉是纽约的一位普通工作者，她在一次中风治愈后，被公司调去开电梯。这实在是一个最最乏味的工作，但她在接受这份新工作的当天就想：“我不知道一个普通的电梯工人究竟能做什么，才能使这份工作在我的手上有所不同。”上班的第二天，安玛莉在电梯里贴了一幅画，是一些排列在碗柜里的盘子。后来，她又贴了家人的照片；再后来，她从家里带来鲜花和植物。直到她的CD机里放出音乐，电梯里的乘客才开始相互交谈起来。本来陌生的人们，在安玛莉营造的宽松、融洽、温馨的氛围里，不再隔阂，不再陌生。所有乘坐安玛莉电梯的人都感觉到：原来陌路人也可以成为彼此交流、彼此沟通的朋友。渐渐地，安玛莉发现她起初想着为别人做的事，倒使她自己也跟着发生了变化，并从中获得了许多乐趣。

安玛莉老人的活法，是最有尊严的活法，即使卑微的工作，到了她手里也变得“有所不同”。因此，那些上上下下的白领，没有一个把安玛莉当成一个普通的电梯工，而把她看作是一个可亲可敬的长者。

由此可见，人的尊严不是穿多好或职位多高就能拥有的，它取决于你在爱自己的时候，是否也让接触到你的人分享到一份爱意。

人要脸面本没有错，但是我们决不能过分争求面子，或逞强斗狠，或盲目攀比，打脸充胖，最终落得个死要面子活受罪的下场。尊严是永远掌握在自己手中的，面子却不尽然，还要看别人给不给。但有一点是肯定的，有尊严的人一定就有面子，有面子的人却不一定有尊严；丢了面子不一定会丢掉尊严，丢了尊严肯定会丢尽颜面。为尊严而活着，虽苦犹甜；为面子而活着，虽阔也苦。

5. 舍小才能得大

一个青年非常羡慕一位富翁取得的成就，于是跑到富翁那里询问成功的诀窍。富翁弄清楚青年的来意后，什么也没有说，转身到起居室拿来一个大西瓜。青年迷惑不解地看着，只见富翁把西瓜切成了大小不等的3块。

"如果每块西瓜代表一定程度的利益，你会如何选择呢？"富翁一边说，一边把西瓜放在青年面前。

"当然是最大的那块！"青年毫不犹豫地回答，眼睛盯着最大的那块。

富翁笑了笑："那好，请用吧！"

富翁把最大的那块西瓜递给青年，自己却吃起了最小的那块。当青年还在享用最大的那块西瓜时，富翁已经吃完了最小的那块。接着，富翁得意地拿起剩下的一块，还故意在青年眼前晃了晃，大口吃了起来。其实，最小的那块和最后一块加起来要比最大的那块大得多。

青年马上就明白了富翁的意思：富翁吃的瓜虽然没有自己的大，但最后却比自己吃得多。如果每一块西瓜代表一定程度的利益，那么富翁赢得的利益自然比自己多。

吃完西瓜，富翁讲述了自己的成功经历。最后，他语重心长地对青年说道："要想成功就要学会放弃，只有放弃眼前的利益，才能获得长远大利，这就是我的成功之道。"

人生在世，有许多东西是需要不断放弃的。在仕途中，放弃对权力的争夺，得到的是宁静与淡泊；在淘金的过程中，放弃对金钱无止境的追逐，得到的是安心和快乐；在利益面前，放弃眼前的小利，得到的将是长远的大利。

有3个年轻人一同结伴外出，寻求发财的机会。在一个偏僻的山镇，他们发现了一种又红又大、味道香甜的苹果。由于地处山区，信息、交通都不发达，这种优质苹果仅在当地销售，售价非常便宜。

第一个年轻人立刻倾其所有，购买了10吨最好的苹果，运回家乡，以比原价高两倍的价格出售，如此往返数次，他成了家乡的第一名万元户。

第二个年轻人用了一半的钱，购买了100棵最好的苹果苗，运回家乡，承包了一片山坡，把果苗栽种上。整整3年时间，他精心看护果树，浇水灌溉，没有一分钱的收入。

第三个年轻人找到果园的主人，用手指了指果树下面，说："我想买些泥土。"

主人一愣，接着摇摇头说："不，泥土不能卖，卖了还怎么长果?"

年轻人弯腰在地上捧起满满一把泥土，恳求说："我只要这一把，请你卖给我吧！要多少钱都行！"

主人看着他，笑了："好吧，你给一块钱拿走吧。"

年轻人带着这把泥土返回家乡，把泥土送到农业科技研究所，化验分析出泥土的各种成分、湿度等。之后，他承包了一片荒山，用了整整3年的时间，开垦、培育出与那把泥土一样的土壤，并在上面栽种上苹果树苗。

10年过去了，这3位一同结伴外出、寻求发财之路的年轻人的命运，发生了迥然不同的变化。

第一位购买苹果的年轻人现在每年依然要去购买苹果，运回来销售，但是因为当地信息和交通已经很发达，竞争者太多，所以每年赚的钱很少，有时甚至不赚钱或者赔钱。

第二位购买树苗的年轻人早已拥有自己的果园，但是因为土壤不同，长出来的苹果有些逊色。当然，他仍然可以赚到相当的利润。

第三位购买泥土的年轻人，也是最后拥有并收获苹果的人，他种植的苹果个大味美，每年秋天引来无数的购买者，总能卖到最好的价格。

在现实生活中，我们常常会发现眼前的利益就是最大和最好的，但等我们把事情做完后，才发现原来还要耗费那么多的精力和时间。而如果用同等的精力和时间去做别的事情，虽然一下子没有那么大的利益，但是做的事情却多得多，总利益也比做一件事情要多得多。

很多事实表明，不同的人有不同的眼光，只顾眼前利益的人，虽然暂时表现得相当出色，但是却缺乏一种对未来的把握和规划能力。只有懂得舍弃眼前小利的人，才有可能登上人生境界的顶峰，获得长远的大利。

6. 握不住的沙，那就扬了它

很多人之所以痛苦，并非因为生活得不好，而是因为在乎的太多。人总是希望有所得，以为拥有的东西越多，自己就会越快乐。直到有一天，我们忽然惊觉：忧郁、无聊、困惑、无奈，都与自己的欲求有关。

你爱上一个人，但他不爱你，你的世界就将微缩在对他的感情上。他的一举手、一投足，都将引起你的注意，都足以成为你快乐和痛苦的根源。

有的时候，你明明知道有些东西不属于你，但你仍强求，或许出于对自己的盲目自信，或许过于相信所谓的精诚所至，金石为开，结果不断努力，换来的却是不断的挫折，到头来弄得自己苦不堪言。

世上有很多东西不是我们努力了就能够实现的，有的靠缘分，有的靠机遇，有的只能以看山看水的心情来欣赏，不是自己的不强求，无法得到的就学会放弃。

生活的艺术之一就是要知道什么时候收、什么时候放，因为生活即是矛盾，一方面它鞭策我们不懈追求，另一方面又强迫我们在力所不及时放弃一切。智者说："一个人来到这个世界时，他紧握双拳；离去时，却松开了双手。"生活中需要放弃的东西很多，比如一个不正确的目标、一个错误的观念、一段已逝去的感情、一笔丢失的财富，等等。

一个大学生在毕业前夕，女友移情别恋，离他而去。一时间，他觉得人世间再也没有什么可留恋的了，整日恍恍惚惚，郁郁寡欢。

一天傍晚，他来到江边，准备结束自己年轻的生命。就在他将要投江的时候，一位钓鱼的老人叫住了他。老人问明了他的情况，注视着他，一言不发。过了一会儿，老人说："小伙子，我看你的面相，以后定是个大富大贵之人，你在学业中将有非凡的成就，何必为一点微不足道的小事而自寻烦恼呢？失恋对于年轻人来说是很正常的事情，恋爱可以重来，而生命对于人来说却只有一次，要想想你的亲人、朋友，还有培养你的老师，他们正期望听到你走向辉煌的佳音呢！"

老人的一席话，深深地打动了这个大学生的心。他谢过老人，忘掉忧伤，重新鼓起了生活的勇气。几年后，他成了一所知名大学的博士生。

其实，那个老人并非相士，只是编了一个善意的谎言，结果挽救了一个年轻的生命。

都说"爱情就像手中沙"，每个拥有爱的人就好像手中握了一把沙，因为爱，因为属于自己，所以越是见不得它一粒粒地往下掉。手中的沙子越是不听话地想要流走，我们便越想握得更紧些，此时的心是感伤的，是失落的，是恐慌的，是迫切的，迫切地想要挽留，拼尽所有力气。

在得与失之间，有谁能豪气冲天地扬了它？人们总认为，至少手中握着沙，不管是多是少，不管是不是握得住，不管下一秒从手中流失多少，但至少是自己手中的沙，至少是自己的财产。殊不知，手中握不住的沙，最终要一粒一粒流失的沙，其实是阻止我们拥有更多"沙"的一种无形的阻碍！但我们就是不舍，就是不忍，就是无法扬了它！人总是如此的贪恋不舍，总是如此的犹豫不决，总是如此的顾此失彼，总是如此的患得患失！

握不住的沙，放下也罢。抓不住的人，放弃也罢。人生中必要的放弃，不是失败不是退缩更不是逃避，而是智慧的选择。

一个地方上小有名气的企业家，经过10多年的打拼，终于使自己的化工厂实现了盈利，对此他颇为得意。可惜好景不长，没多久，由于市场竞争相当激烈，他的小化工厂显然不具备与大企业竞争的能力，惨淡经营不到两年便倒闭了，所幸没有多少外债，但他整日忧心忡忡，日渐憔悴。亲朋好友都劝他放宽心，想办法投资其他项目，以图东山再起。而他对别人的话一句也听不进去，整个身心都笼罩在失败的阴影里。

后来，当他拖着虚弱的身体到医院检查时，医生告诉他，他得了癌症。这个不幸的消息如同晴天霹雳，不到两个月，他便在忧郁和病重中抛下妻子和年幼的孩子撒手西去。

这个故事告诉我们，如果牢记过去的失意和悲伤，它们将像魔鬼一样整天缠着我们，让我们没有片刻的宁静。

所以，当事情发生的时候，我们应该这样想，每一件事的发生，只是为了丰富我们的人生经验。没有人能够永远快乐幸福地度过每一天，没有人能够坦然地面对自己的坚强和软弱。让我们成熟的，是经历与磨难；让我们幸福的，是宽容与博爱；让我们心安的，是理解与信任。我们改变不了事实，但可以改变态度。我们改变不了过去，但可以改变现在，过去的就让它过去，未来我们将走得更好。只有抛弃不必要的包袱，我们才能轻松前行。

7. 不要怕，不要悔

有关奋斗和淡定的辩证法，我们可以用下面这个哲理故事来做诠释：

30 年前，一个年轻人打算离开家乡，去开创自己的事业。他动身的第一站，是去拜访本族的族长，请求指点。

老族长正在练字，听说本族的后辈即将踏上人生的旅途，就写了 3 个字：不要怕。然后抬起头来，望着年轻人说："孩子，人生的秘诀只有 6 个字，今天先告诉你 3 个字，供你半生受用。"

30 年后，这个年轻人已是人到中年，有了一些成就，也添了很多伤心事。归程漫漫，回到家乡后，他又去拜访那位族长。

他到了族长家里，才知道老人家几年前已经去世。族长的家人取出一个密封的信封对他说："这是族长生前留给你的，他说有一天你会再来。"

还乡的游子这才想起来，30 年前他在这里听到人生的一半秘诀。他拆开信封，里面赫然又是 3 个大字：不要悔。

很多人可能不太理解这句名言，但一旦你有了类似的经历，对它的认识就会特别深刻。人生在世，成功靠自己去拼，事业靠自己去闯。人生的前 30 年，有的是时间的本钱，只要有勇气，一切挫折、失意、磨难，都将不在话下。不要怕，不须怕，一条路不通再试另一条，只要不放弃，终究会闯出自己的一片天地。

那么，什么是后 30 年不要悔？时光飞逝，三十与四十的转换似乎眨眼便已来临，人生的一大转折无情地摆在面前。四十不惑，经历已告诉你太多尝试不可能成功，你再也不能将所剩有限的时间花在没有收获的事情上；你有家室有孩子，任何举动都得三思而后行；你的体力精力大不如前，学习新东西难了，回忆旧日子多了，此时常常袭来的可怕心态便是——后悔！

当婚姻出现问题时，我们后悔爱错了人；当事业不顺利时，我们后悔入错了行；当看到旧同事旧朋友升官的升官、发财的发财，我们后悔当初不该一意孤行。

四十后的不悔与三十前的不怕，同样是人生至为重要的两大境界。过去的已然过去，即便曾错过什么，悔之亦无益，耽误的只是自己的生命，糟蹋的只是自己的心灵。更何况，人生本来有得必有失，失去的同时必定也得到了一些，只不过人类的心态通常会忽视自己已拥有的，而视尚未得到的不属于自己的东西为珍宝。

所以，该不怕时不怕，该不悔时不悔，人生奋斗也好，淡定也罢，大抵应该无憾了！

有一位名医素以医术高明著称，但当他的事业达到巅峰时，他发现自己得了咽喉癌，他知道自己的生命期限：只有 6 个月到 1 年。经过深思之后，他决定接受这个残酷的事实。但是，他要在有生之年，在有限的时间里，好好地、快乐地、认真地体验生命，放下以往担在肩上的许多压力，以一种全新的眼光去看待这个世界，用爱心去关怀周围的每一个人，以期使自己的生命更充盈、更丰富、更有意义。

有了这样一种新的人生观后，他的整个心态发生了变化，他变得谦和、宽容，懂得珍惜。他对身边的朋友、家人，甚至对陌生人也都笑颜相对。早上外出运动，他亲切地和别人打招呼问好；在医院看病，他比以前更关心病人。

半年过去了，一年过去了，如今，他已经平安地度过了第 6 个年头。没有人知道他还能活多久，包括他自己，然而，他已经不再关心这些了。

有人问他是什么神奇的力量在支撑他，他坚定地说：“是希望！我每天给自己一个希望，希望我的病人每天好一点，希望早上运动时能见到那些朋友……就是这些希望，让我觉得自己很重要，必须打起精神来过这一天。”

让自己活得更舒心一些，每天给自己一个希望，试着不为昨天而流泪、叹息，只为今天过得更加美好而奋斗，就能够创造一个辉煌的明天，拥有一个灿烂美好的人生！

8. 退是为了蓄势，让是为了待发

人生固然要锐意进取，追求上进，努力向成功进发，但很多时候还要知退、能退，更要善退。退让，很多时候是前进的一种姿势。

有诗云：“手把青秧插稻田，抬头便见水中天。心地清净方为道，退步原来是向前。”诗的含义很浅显：插秧的时候，插秧者都是低着头一边插秧一边向后退，等退到田地的终点，整个工作便圆满完成了。此时，插秧者的倒退不仅不是倒退，而是一种前进。通常我们总认为，人生向前走才是风光的，而“退步原来是向前”却向我们揭示了前进的另一种方式，另一种风光。

在一个寺院中，有两位沙弥在画一幅《龙争虎斗图》，他们为这幅画忙了很久，但总觉得不完美，可又找不出其中的缘由。

正当他们急得焦头烂额之际，师父正好从外面回来，两个沙弥赶紧请教师父。老和尚看了他们的画后，笑着说：“你们所画的龙和虎，外形上都很真实。但是，你们没有弄清楚它们的特性，龙在发起进攻前，头必须向后退缩；虎若向上扑跃，头也必须压得很低才行。龙的颈向后缩的幅度越大，虎的头越是贴近地面，它们就会冲得越迅猛、跳得越高远。”弟子们听后恍然大悟，师父接着又说：“这与参禅悟道、为人处世的道理是一样的，懂得适时退一步，才能冲得更远；懂得低头之后，才能跃得更高啊!”

在自然界，有进必有退，退中含有进。日有升有落，岭有上有下，潮有涨有息。日落才有月升，冬去才会春来，花落才有果实。很多时候，退是进的前提，能退才能进。

一位留美的计算机博士，毕业后在美国找工作。结果，很多公司都不录用他。他思前想后，决定收起所有证明，以最低学历去求职。

不久，他被一家公司录用为程序输入员，这对他来说简直是大材小用，但他仍干得一丝不苟。不久，老板发现他能看出程序中的错误，非一般的程序输入员可比。这时，他亮出了学士证，老板给他换了个与大学毕业生对口的工作。

过了一段时间，老板发现他时常能提出许多独到的有价值的建议，远比一般的大学生高明。这时，他又亮出了硕士证。于是，老板又提升了他。

再过一段时间，老板觉得他还是与别人不一样，这时，他才拿出博士证。老板对他的水平已有了全面认识，因此毫不犹豫地重用了他。

善退，是一种圆通的智慧。退，并不意味着无能和逃避。在特殊情况下，或时机不成熟的时候，采取以退为进的策略尤为必要。只退不进是懦者，只进不退是莽汉。只有进退得当，善于以退为进，才能审时度势，把握事物发展的态势，控制自己人生的方向。

善退，是一种豁达的情怀。宠辱不惊，看庭前花开花落；去留无意，望天外云卷云舒。怀此豁达心胸，方能进退从容、恬然自得。退是人生道路上的转乘站，我们可以把退视为服务社会、服务他人的新起点；也可以换个姿态过人生，做一些自己感兴趣而原先无暇顾及的事情。很多时候，退居二线，退隐江湖，可以看到别样的风景。可能没有高潮迭起，却会有微波荡漾；可能没有轰轰烈烈，却会有恬淡优雅；可能没有累累硕果，却会有鲜花朵朵。退时当思进，进时当思退。进的时候，不能一条道走到黑，而要考虑回旋的余地；退的时候，也不能胆怯地一退到底，而应以退为进，为自己留下再次起步的踏板。进一步，豁然开朗；退一步，海阔天空。进退自若，才是人生的大境界。

9. 赢得起，更要输得起

人的一生，有赢有输。赢得起，也输得起的人，才能够取得大的成就。

成功的人不是从未被击倒过的人，而是在被击倒后还能积极朝成功之路不断迈进的人。

某大公司招聘职业经理人，应征者云集，其中不乏高学历、工作经验丰富的人才。为了避免请托之累，老板决定由亲自面试改为委托总经理面试最后的6名应征者。面试开始时，总经理发现考场上多了一个人，就问道："有不是参加面试的人吗?"

坐在最后面的一个男子站起来说："先生，我在第一轮被淘汰了，但我想参加一下面试。"所有人都笑了，就连站在门口为客人倒茶的老头也忍俊不禁。

总经理不以为然地问道："你连考试第一关都过不了，又有什么必要参加这次面试呢?"

这个男子说："因为我掌握了别人所没有的财富，我本人就是一大财富。"大家又一次哈哈大笑，认为该男子不是头脑有毛病，就是狂妄自大。这位男子继续说："我虽然学历不算太高，也没担任过重要职务，可是我却有着10年工作经验，曾在12家公司任过职……"

这时，总经理插话道："你的学历和职称都不高，但工作了10年倒是不错。不过，你换了12家公司，这可不是一种令人欣赏的行为。""先生，我没有主动要换工作，是那 12 家公司先后倒闭了。”男子回应说。在场的人又是一阵大笑。一个考生说：“你真是一个地道的失败者！”

男子笑了笑：“不，这不是我的失败，而是那些公司的失败，这些失败积累成了我自己的财富。我很了解那 12 家公司，我与同事努力想挽救，虽然没有成功，但我知道错误与失败的每一个细节，并从中学到了许多东西，这是别人所学不到的。很多人只是追求成功，而我更有经验避免错误与失败……”

男子停顿了一会儿，又接着说：“我知道，成功的经验大部分相似，容易模仿，而失败的原因却各有各的不同。用 10 年时间学习成功经验，不如用同样的时间经历错误与失败，所学的东西反而更多、更深刻。我认为，别人的成功经历很难成为我们的财富，而恰恰是别人的失败过程可以成为我们不可多得的财富！”

说完这些，这位男子做出转身出门的样子，又突然回过头来：“这 10 年经历的 12 家公司，培养锻炼了我对人、对事、对未来的敏锐洞察力，举个小例子吧——真正的主考官，不是您，而是这位倒茶的老伯……”

男子的话让在场的所有人都感到惊讶，纷纷把目光转向老头。倒茶的老头在惊讶之余，很快恢复了平静，笑了笑说：“很好！你被录取了，因为我想知道——你是如何知道这一切的？”

这名男子能从倒茶老头的神情、气质、举止等看出老头是这家公司的老板，说明他是一个观察能力很强的人。

确实，失败和成功一样，也是一种资本，重要的是正确对待输赢，树立自信心。在人生的各种竞争历程中，赢了更好，输了也不可怕，因为它可以让我们学会避免同样的错误与失败。

李翔本是外企的一个高级白领，由于金融危机的影响，他被公司裁掉了。一时间，他感觉天都要塌了，简直是惶惶不可终日。朋友来开导他、安慰他，但仍难以抚平他心中的创伤。阿木说：“其实我自己倒无所谓，主要是怕家人接受不了。我原来住别墅，现在要搬到普通公寓，父母一定会感到很失落；本田车要换成 QQ，儿子可能会嫌丢脸；妻子以前都是穿名牌服装的，以后恐怕要去尾货市场买衣服了。还有，以前的朋友会怎么看我？如果再去参加同学聚会，我怎么面对他们呢？我现在连家都不敢回了，总觉得家人看我的眼光都怪怪的……”

李翔的心情是可以理解的，人一旦习惯了富贵的生活，突然间被迫放下身段，跨入平民的行列，确实不是一件简单的事情。人们常说，由俭入奢易，由奢入俭难，就是这个道理。很多人都承受不了太大的心理落差，就像一个原本受宠的妃子突然被打入冷宫一样，那种感觉真可以用痛不欲生来形容。

但是，凡事都讲究限度，想得太多了就会感到压抑，使精神受到严重的折磨。人生本来就要经历磨难，谁在生活和事业中不会遇到挫折呢？如果过于悲观，就会给自己带来许多不必要的麻烦，相当于火上浇油，最终使人痛上加痛而得不到解脱。

项羽是秦末著名的军事家、中国军事思想“勇战”派的代表人物，也是中国历史上最强悍的武将之一。当年，他是力能扛鼎、气压万夫的一代英雄豪杰，号称西楚霸王。秦末大泽乡起义不久，项羽在江东斩郡守后崛起，举兵反秦。随即率军入关中，以五诸侯灭暴秦，威震四海，分裂天下，册封十八路诸侯，制定各项重大政策，权同皇帝。项羽的出现，在中国历史上掀起了一场风云，写下了一段不朽的神话。但是，正是这样一位“力拔山兮气盖世”的大英雄，由于在楚汉战争中为刘邦所败，最后在乌江自刎而死。

实际上，当初项羽如果渡过乌江，以他的威望，到江东父老中招募乡勇，重组军队，是很有可能再与刘邦抗衡的，甚至有可能改写历史。可项羽却输不起，因为他当年叱咤风云的时候在战场上无往不胜，如今失败了一次，就觉得没有脸面去见江东父老，所以他选择了死。

面对失败，项羽想到的只是如何维护自己的尊严，如何不被父老乡亲耻笑，如何在天下人面前保住自己的面子，而不能放下这些沉重的包袱去寻求东山再起之路，以至于在悲壮中被自己“折磨致死”，为历史留下了一出悲剧。哪一个后世人在想到项羽 24 岁起兵反秦、27 岁分封十八路诸侯、30 岁便自刎乌江的时候，不会感到深深的惋惜呢？

所以，我们面对输赢要以一颗平常心处之。赢了，不得意，不忘形，并不断地完善自己，做到再接再厉；输了，不气馁，冷静分析，总结失败教训，为下次的赢做准备。

10. 做好人生的加减法

人生有一个基本运算法则：求知用加法，自满用减法；积极用乘法，消极用除法。当我们来到人世间时，一无所有，随着时光的流逝和个人的成长，我们的人生开始做加法，加入了知识的光芒，加入了品格的力量，加入了对财富的追求，加入了亲情的滋润，人生变得更加丰盈。等到了一定的年龄，人又要学会做减法，减去过多的欲望，减去物质的享受，减去人与人之间的纷争，减去对世俗名利的留意，使人生境界变得深远。

于丹教授在《论语心得》中讲过这么一段话：“一个人在30岁以前是用加法生活的，就是不断地在这个世界上搜寻他所需要的东西，比如经验、财富、情感、名誉。但是，物质的东西越多，人就越容易迷惑。30岁以后，就要开始学会用减法生活了，要学会舍弃那些不是你心灵真正需要的东西。”

许多人不明白其中的道理，直到生命快终结的时候，才懊悔虚度了一生，总是假设如果上天能再给自己一次生命，自己将如何如何；觉得自己得到的不够，而失去的却太多；觉得人生还有潜力，还可以做得更好。

有一个商人非常富有，也很懂得享受生活。有时候，他宁愿放弃一单生意，也要睡个好觉。他经常给自己放假去旅游，以放松身心。这样看起来，他浪费了很多赚钱的机会。为此，有人问他：“你工作一个小时可赚50美元，如果每天休息一个小时，一个月就少赚1500美元，一年少赚一万美元，这值得吗？”

商人笑着说："很多人都认为不值得，但我认为值得。现在，我们来算一算：假如一天工作 8 小时不休息，一天可赚 400 美元，那我的寿命将减少 5 年，按每年工作 300 天、年收入 12 万元计算，5 年我将减少 60 万美元收入；假如我每天休息一小时，那我除了损失每天一小时 50 美元外，将得到 5 年每天 7 小时工作所赚的钱。现在我 60 岁，假设我按时休息可再活 10 年，那么我将损失 15 万美元，15 万和 60 万谁大呢？"

现实中，我们很少去想自己已经拥有的东西，常常竭尽全力去追寻得不到的东西，以为得到了自己就会幸福和快乐，而恰恰在力不从心的追寻过程中忽略了眼下的快乐。

要知道，人生不是得到就是失去，不是加就是减，有时往往会因为失去、减去而得到更多。

一场从天而降的车祸，使他失去了一只眼睛、一条腿和赖以生存的工作。命运之神残酷地将 49 岁的他逼到了人生的悬崖边，但他没有悲观绝望、怨天尤人，没有向命运低头，而是振奋精神与命运进行顽强的抗争。

失去工作的他最迫切的需要是找一份新的职业来糊口，令人不可思议的是，他选择了写作。但此前他从来没有写过任何文学类的东西，甚至很少读文学方面的书籍。在最初的几年里，他所有辛勤的劳作与激情的投入换来的是 700 多封退稿信。但他没有灰心丧气，而是以更高的热情与加倍的努力继续笔耕不辍。苍天不负有心人，在艰辛的付出后，他终于迎来了丰收的硕果：他不仅先后出版了 20 多部作品，而且在数十次文学大赛中获得大奖，成为举世闻名的作家。

正当他的文学事业如日中天之际，他又做出了一个惊人之举：徒步周游世界，那年他刚好 60 岁。带着重新安装的假肢及对理想的追求，他踏上了艰苦跋涉的征程。短短几年时间，他的足迹遍及整个美洲大陆和欧洲大陆。1916 年，已年近古稀的他拖着一条假腿，奇迹般地登上了终年冰雪覆盖的非洲最高峰乞力马扎罗山。

他就是美国著名的作家、旅游家、探险家海曼斯。

命运在向海曼斯关闭一扇窗的同时，又为他打开了另一扇窗。世上的许多事都是多面的，我们看到的往往只是其中的一个侧面，这个侧面让人痛苦，但痛苦却往往可以转化。生活也真的很公平，它可以将一个人的志气磨尽，也能让一个人出类拔萃，这就看你是怎样的一个人。

做好人生的加减法，首先要减去胆怯、增加毅力。美国诗人惠特曼在他的《草叶集》出版前，曾遭到40多家出版商的拒绝，但他始终不放弃，最终成功出版，成为世界文学史上的一大力作。假如惠特曼在遭受40多次的拒绝后，没有及时地减去胆怯，最后还能得到这么多荣耀吗？

做好人生的加减法，还需减去尘世纷扰，加上一颗平常心。从庄子的击缶而歌到圣人无待齐物的洒脱；从李白“仰天大笑出门去，我辈岂是蓬蒿人”的豪迈不羁到成为一代诗仙的喜悦；从苏轼的“老夫聊发少年狂”的壮志豪情到“一蓑烟雨任平生”的超脱，都证明了这一点。

人生就像一道计算题，如何才能达到完美适意的人生境界，只看你怎样做这道题。人的一生5%是精彩的，5%是痛苦的，另外90%是平淡的。人们往往被5%的精彩诱惑着，忍受着5%的痛苦，而在90%的平淡中度过。加减得体，方能成就一种人生境界；加减失当，则会给心灵带来痛苦与压力。

11. 放弃是一种超脱

生活的经验告诉我们：再好的东西总有失去的一天，再深的记忆也有淡忘的一天，再爱的人也有远走的一天，再美的梦也有醒来的一天。几米曾说："当你喜欢我的时候，我不喜欢你；当你爱上我的时候，我喜欢上你；当你离开我的时候，我却爱上你。是你走得太快，还是我跟不上你的脚步？我们错过了诺亚方舟，错过了泰坦尼克号，错过了一切惊险与不惊险，我们还要继续错过。"

生活总是充满着变化。现实与梦想的冲突，常常让我们陷入两难的境地。当我们失去一些东西的时候，总有一些留恋和不舍，仿佛自己的某种美好情感和追求都被带走了。渐渐地我们会明白，生活中有很多事情，需要学会放弃。

曾有一段时间，卡耐基喜欢上了打猎。他的老朋友贝克·里维斯是这方面的行家。有一次，他们一同带着猎枪和两只猎狗到郊外去狩猎。入夜的时候，他们在一条小溪旁支下了帐篷，准备过夜。

那天的晚餐很美味，因为所有的原料都是就地取材。就在他们享用晚餐的时候，两只猎狗突然狂吠起来，并朝着南方飞奔而去。卡耐基很害怕，担心遇到凶猛的野兽，于是就问贝克，是不是应该准备好猎枪。贝克却摆了摆手，告诉卡耐基："没关系，不过是一只狐狸而已。也许它只是途经这里，发现我们在这，于是制造了一些假象，试图引开我们。"卡耐基感觉很惊奇，就说："真的吗？这动物可真聪明。"贝克点了点头，停顿了好一会儿，然后神情庄重地对卡耐基说：“不知道刚才是不是那只狐狸。几年前，我孤身一人到这里打猎。当时我不太习惯用猎枪，而喜欢用捕兽器，因为我对那种等待猎物上钩的感觉很着迷。然而你知道，与使用猎枪相比，这种方式抓住猎物的机会要小得多。一天夜里，当我以为又一无所获的时候，捕兽器上的铃铛响了。最初我以为是一只兔子，后来才发现是只狐狸。能看出来，那只狐狸很害怕，极力想挣脱那个捕兽器。当然，这是不可能的。这时候，我走到它面前，想活捉它。可是，你知道那只狐狸怎么做的？它看到我后，竟然没有一丝迟疑地将自己那条被夹住的腿生生地咬断了，然后迅速向远方逃去。从那以后，我时常会到这里来，希望可以再见到那只勇敢的狐狸。”

狐狸忍着巨大的痛苦，放弃了一条腿，但是却保住了一条命。其实人类也是如此，当残酷的现实逼迫我们不得不付出惨痛的代价时，最明智的做法无疑是主动放弃小的利益而保全整体利益。

欧洲有一句很有名的谚语：有人为了得到一颗铁钉失去了一块马蹄铁，然后又为了一块马蹄铁失去了一匹骏马，接着又为了得到一匹骏马失去了一名优秀的骑手，最后为了得到一名骑手失去了一场战争的胜利。对此，我们可以得出这样的结论：那个人因为一颗铁钉而输掉了整场战争。这就是因为不懂得放弃。

3 年前的一个晚上，卡耐基儿时的玩伴朵拉·卡莫斯突然来访。见到她时，卡耐基很意外，因为他们已经很久没有联系了。寒暄过后，卡耐基问她生活怎么样。朵拉苦恼地说：“简直坏透了，戴尔，我甚至不想活在这个世界上了。”卡耐基急忙问她发生了什么事情，朵拉诉说了事情的原委。

原来，朵拉在 5 年前和一个名叫迈克的男人结了婚。结婚前，她的朋友在私下里劝阻过她：不要和迈克在一起，他是有名的花花公子。其实，朵拉心里也很清楚，迈克对她并不专一，而且她亲眼看到过迈克和其他女人约会。然而，在经过激烈的思想斗争后，她依然决定和迈克在一起，因为她觉得迈克还是爱自己的。

婚后，迈克花花大少的本性暴露无遗，经常彻夜不归。同时，迈克还将家庭的重担全部推给了朵拉，而自己却每日在外面花天酒地。不仅如此，如果朵拉对他表示不满，迈克就会对她拳脚相加。当时，很多知道情况的人都劝朵拉离婚，因为和这样的男人在一起是没有幸福可言的。然而，朵拉选择了忍受，她觉得迈克一定会改好的。

再后来，他们有了孩子，这使朵拉更加不愿意离开迈克了。但她不得不整天生活在痛苦之中，独自默默地承受着命运的折磨。

我们不得不承认，生活充满了坎坷，有时还会有悲惨的、可怕的、令人痛苦的境遇降临到我们头上，让我们措手不及。此时，与其“坚定”地坚持，不如放弃，以一颗平静的心耐心地等待生活的转机。

曾经有一位哲人这样说道：“放弃是一种更为高级的境界，也是一种更为艰难的选择。然而，这种境界和选择却是我们面对人生种种不可预知的境遇时所必备的。放弃，能够让我们对生活和人生都产生一种超脱自然的关照。我们不应感到恐惧，即便我们无法到达那种超然的境界，也可以学会放弃，让自己的生活变得洒脱一些。”

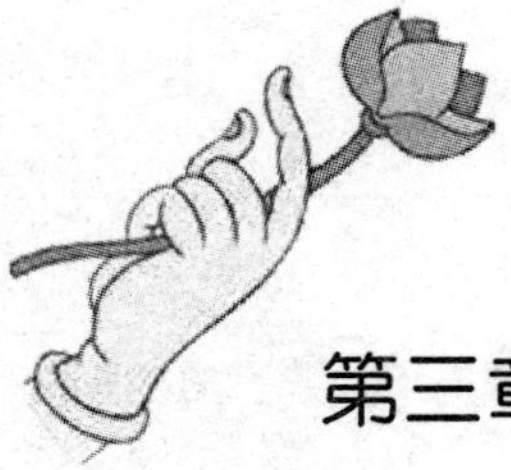

第三章　舍弃名利，褪去功名世俗的外衣

莎士比亚曾经说过：“名利是一件无聊的骗人的东西，得到它的人，未必有什么功德，失去它的人也未必有什么过失。”在金钱至上、名利挂帅的今天，人们都活得很苦很累，总想让自己的一言一行、一举一动都打上成功人士的标签，给自己带上了“名利”这副沉重的枷锁，表面风光，内心彷徨，失去了生活的本真。殊不知名利只是身外之物，真正的幸福不是活在世俗的眼光之中，而是内心的丰盈与自身价值的体现。

1. 金钱并非幸福快乐的源泉

在物欲横流的今天，生活的快节奏或许让你来不及考虑什么才是幸福，只是在夜以继日地为名利、为金钱默默地奋斗着。你或许认为有了钱，有了车，有了房就会幸福，但这顶多算是一种物质享受，一旦你拥有了这些，你就会变得麻木而感觉不到幸福的存在。因为幸福只是一种感觉，一种很微妙的感觉，与物质没有什么必然的联系。

刘泽栋夫妇都是电厂的职工，领着微薄的薪水，还要供两个小孩上学。在别人看来，他们的日子过得一点也不幸福：一家人挤在15平方米的房间里，家具和各种生活用品摆放得杂乱无章，根本不知道四口人是怎么生活的，是不是每天走路都会跌跌撞撞？

奇怪的是，人们看到的经常是很幸福的场面：每天，妻子都会在水房里洗洗涮涮，不是洗衣服就是洗菜，每次都能听到她哼着小曲，一副很悠闲的样子；下午下班的时候，妻子可能已经做好了晚饭，和丈夫一起偎依在电视机前，聚精会神地看着电视，很满足很惬意的感觉；有着暖暖阳光的日子，夫妻俩会早起把被子抱到楼下去晾晒，早晨轻柔的阳光洒在他们的肩头；傍晚，一双儿女会安静地坐在写字桌前，认真地做着作业；夫妻二人出去散步，也是相依相伴的温馨……原来，幸福不完全取决于金钱。

有一位拥有亿万家产的年轻总裁说："我成了一个挣钱的机器，单调枯燥不停地转动，每天面对的都是一场战斗。说实在的，每天辛辛苦苦也没什么意思，我也享受不了什么，金钱对于我来说，只是一种负担，即维持生活现有水准和如何赚更多的钱……”

这位总裁不会唱歌，不会跳舞，更不会打保龄球、台球；他的妻子和儿子定居在美国，每年只在暑假回来一次，使三口之家得以团聚。他的妻子说他是个冷血动物，因为很多为人夫为人父应该给予的，他都给予不了。他每天都在想着如何才能赚更多的钱。“幸福”这个词他是没有时间去体会的，虽然有时他也觉得自己拥有那么多财富，却无法享受到真正的幸福，甚至在某些方面还不如穷人，但也只能如此，因为既然自己是台机器，就得不停地运转才行。

不可否认，财富和幸福感确实有一些关系。但是，是不是钱越多越好呢？当一个工薪阶层月收入从大学毕业初期的 3000 元慢慢涨到 5000 元、8000 元，然后超过 15000 元，甚至达到 30000 元时，其幸福感也会随着收入的增长、家庭资产的增加而获得逐步提升。在这个阶段内，收入和财富的增长显然带动了幸福感的同比正向提升。

可是，当财富累积到一定程度，金钱对于幸福的作用力突然显著下降了。多项研究表明，在“衣食足”的人群中，财富的多寡与主观幸福体验的关系很微弱。或者说，在达到舒适温饱之后，财富的增加所带来的幸福感会越来越弱。而且，当财富积累到很高程度的时候，由金钱带来的烦恼会突然增加，甚至接踵而来。比如，富翁家庭子女教育问题困扰比例更高，因为他们的孩子含着金钥匙出生，在贵族学校之间随意转学，责任感差等问题特别突出；富豪们的情感纠纷也很突出，婚姻亮红灯的富人比比皆是；如果富豪家庭结构比较庞大，有关家族企业的管理权、财产继承权等问题的明争暗斗会消耗他们的许多精力……拥有千万甚至亿万资产的超级富豪，又有几个生活能像比尔·盖茨那般幸福平静？

诚然，幸福需要物质保证，但更重要的是要有精神支柱；精神支柱是人整个生命的“心脏”，倘若没有它来支撑，再多的金钱也不过是一堆纸罢了。所以，金钱并不是幸福的源泉，幸福也不会是金钱的产物。只有以崇高的精神和勤劳的双手为基础，才能建造起人生真正的幸福大厦。

2. 超脱于金钱之外

金钱是人生的需要，但金钱不是人生的目的，它只是帮助我们实现目标的手段。金钱是不可缺少的，但金钱绝不是万能的。我们不用害怕追求金钱，但决不要成为金钱的俘虏和奴隶。

在当代社会，财富创造的速度正以前所未有的高速发展，人们追求财富的热情和愿望空前高涨，然而，以追求财富为生活全部内容的人，是无法获得身心宁静的。

全球首富比尔·盖茨很少关心钱的问题，也不在意自己股票的涨跌。钱不会使他从工作上分心。他说过："当你有了一亿美元的时候，你就会明白钱只不过是一种符号而已，简直毫无意义。"比尔·盖茨非常讨厌那些喜欢用钱摆阔气的人。

比尔·盖茨在生活中遵循这样的用钱原则："花钱如炒菜一样，要恰到好处。盐少了，菜就会淡而无味；盐多了，苦咸难咽。"对于自己的衣着，比尔从不看重牌子或价钱，只要穿起来感觉很舒适，他就会很喜欢。有一次，他参加由世界32位顶级企业家举办的"夏日派对"，他穿的一身套装还是妻子美琳达先前在泰国给他买的用来拍照时穿的衣服，价格还不到歌星、影星洗一次衣服的花费。他生活的信条就是："一个人只有用好了他的每一分钱，才能做到事业有成、生活幸福。"平日里，如果没有什么特别重要的会议，比尔会选择便裤、开领衫以及他喜欢的运动鞋，其中没有一件是名牌。

比尔·盖茨与妻子都十分疼爱自己的孩子，但是在满足孩子的一些要求上，他们绝对是一对吝啬鬼。比尔·盖茨从来不会给孩子太多的钱，他的儿子罗瑞总是抱怨父母不给自己买最想要的玩具车。对此，比尔·盖茨有自己的看法，他认为："再富也不能富孩子。"

比尔·盖茨确实是一个与众不同的人，单从他对待孩子的零用钱的态度就可以看出来。对他而言，创业是他人生的旅途，财富是他价值量化的标尺。"我只是这笔财富的看管人，我需要找到最合适的方式来使用它。"他的财产超过了500亿美元，迄今为止他已经捐出了超过250亿美元，他在遗嘱中宣布拿出98%的财产给自己创办的以他和妻子的名字命名的"比尔和梅林达基金会"，这笔钱将用于研究艾滋病和疟疾的疫苗，并为世界贫穷国家提供援助。

有人说："财富是过眼烟云，金钱是身外之物。"这的确有一定的道理。除了金钱，人的一生还有许多值得追求的东西。痴迷于金钱的人，充其量不过是一个直立着装钱的钱袋子罢了。"富了腰包，穷了心灵"，正是"钱迷"们的真实写照。要想活得轻松自在，只有摆脱金钱的束缚，不背负沉重的钱财包袱，这才是真正的富有者。

南北朝时的武陵王萧纪是梁武帝的第八子，深得父宠，要风得风，要雨得雨。同时，他还颇有武略，南开宁州，西通资陵，内劝农桑，外通商贾，财用丰饶，器甲殷积，按说不应该把钱财当作一回事，但他偏偏极其吝啬，一个子儿都要算计，因此成了在中国历史上的一颗政治流星。

有一次，萧纪率军攻打江陵。他熔金成饼，100个金饼一篮，装了100多篮，高高挂起，而银子则是金子的五六倍之多，还有各种绫罗绸缎，不计其数，以此激励将士们英勇杀敌。但他只不过是让大家饱饱眼福而已，每战结束从不论功行赏，军心由此大乱，叛逃者十之八九。在很短的时间内，两岸十四城俱降，萧纪自己也死于乱军之中，金银财宝尽被掳去，落得个人财两空。

香港作家张立对于金钱有一番妙论："口袋里无钱，存折里无钱，但心里装满钱的人最苦；口袋里有钱，存折里有钱，但心中无钱为大福也。”意思是说，有没有钱不是关键，重要的是你如何看待金钱。用平常心去看，就会看得轻，就会生活得自由自在；以功利心去看，就会看得重，就会感觉活得好累好辛苦。

一个钻进钱眼，只认钱的人，不仅没有高远的追求，也注定不会有卓越的成就，只会成为一个斤斤计较于蝇头小利的可怜虫。因此，古人云，淡泊以明志，意思就是要清心寡欲、看淡金钱，这样才有助于修身养性、陶冶情操，也是一个人事业有成的重要因素。

3. 金钱要取之有道，用之有益

不知从什么时候开始，人们嘴里聊天的内容多了许多关于金钱、地位的字眼，有些人甚至成了拜金主义者、唯利主义者，在他们看来，别的什么都无所谓，钱才是好东西，再多也不怕被压趴下。为了钱，为了私利，有的人不择手段，甚至不惜铤而走险，违法犯罪。殊不知，世上也有金钱买不到的东西，甚至金钱多了也会成为一件令人烦恼的事情。

从前有个特别爱财的国王，有一天，他对神说："请教给我点金术，让我伸手所能摸到的都变成金子，我要让我的王宫到处都金碧辉煌。"

神说："好吧。"

第二天，国王刚一起床，他伸手摸到的衣服就变成了金子，他高兴得不得了。然后他吃早餐，伸手摸到的牛奶变成了金子，摸到的面包也变成了金子，这时他觉得有点不舒服了，因为他吃不成早餐，得饿肚子了。他每天上午都要去王宫里的大花园散步，当他走进花园时，看到一朵红玫瑰非常娇艳，便情不自禁地上前抚摸了一下，玫瑰立刻变成了金子，他感到有点遗憾。

这一天，他只要一伸手，所触摸的物品全部变成了金子。后来，他越来越恐惧，吓得不敢伸手了，他已经饿了一天了。到了晚上，他最喜欢的小女儿来拜见他，他拼命地喊着，让女儿别过来，可是天真活泼的女儿仍然像往常一样，径直跑到父亲身边伸出双臂来拥抱他，结果女儿变成了一尊金像。

国王大哭起来，他再也不想要这个点金术了，他跑到神那里，向神祈求："神哪，请宽恕我吧，我再也不贪恋金子了，请把我心爱的女儿还给我吧！"

神说："那好吧，你去河里把你的手洗干净。"

国王马上到河边拼命地搓洗双手，然后赶快回去拥抱女儿，女儿又变回了天真活泼的模样。

金钱虽好，够用就行，当金钱多得只剩下金钱时，人生还有什么意义呢？

著名史学家范晔说："天下皆知取之为取，而不知与之为取。"这句话的意思是：人们都认为只有获取别人的东西才是收获，却不知道给予别人也是一种收获。人世间的事情，总是有了付出才有收获，而得与失之间互为转化的效果，有时也不是马上就可以见到的，但懂得其中奥妙的人，会掌握取舍的主动权，让它发挥出意想不到的效果。

战国时，齐国的孟尝君是一个以养士出名的相国。由于他待士十分诚恳，感动了一个叫冯谖的落魄人，为了报答孟尝君的礼遇，冯谖投到他的门下为他效力。

有一次，孟尝君想派人到其封地薛邑讨债，问谁肯去。冯谖自告奋勇地说自己愿意去，但不知将催讨回来的钱买什么东西。孟尝君说，就买点我们家没有的东西吧。冯谖领命而去，到了薛邑后，他发现当地老百姓的生活十分穷困，听说孟尝君的使者来了，均有怨言。于是，他召集了邑中居民，对大家说："孟尝君知道大家生活困难，这次特意派我来告诉大家，以前的欠债一笔勾销，利息也不用偿还了。他叫我把债券也带来了，今天当着大家的面，我把它烧毁，从今以后再不用催还。"说着，冯谖果真点起一把火，把债券都烧了。薛邑的百姓没料到孟尝君如此仁义，人人感激涕零。

冯谖回来后，孟尝君问他买了何物，冯谖如实回答，孟尝君大为不悦。冯谖对他说："您不是叫我买家中没有的东西吗？我已经给您买回来了，这就是'义'。焚券布义，这对您收归民心是大有好处的啊！"

数年后，孟尝君被人谮谗，齐相不保，只好回到自己的封地薛邑。薛邑的百姓听说恩公孟尝君回来了，倾城而出，夹道欢迎。孟尝君感动不已，终于体会到了冯谖“布义”的苦心。

如果你要做一个快乐的人，一定要记住：金钱不是万能的，只是用来达到目的的一种工具而已。若你只知道赚满自己的钱包而不顾别人死活，甚至为金钱而不顾亲情、友情和道义，那将是一种多么枯燥、无聊的生活。因为也许你能买到宫殿，买到豪华游轮，但却买不到宫殿里亲人的欢笑，买不到海上的怡人风景，买不到朋友间的畅饮淋漓。

4. 金钱可以买来药品，却买不来健康

人的一生，可以没有金钱、名利，但绝对不能没有健康。它是一切的根本，革命的本钱。没有了它，拥有再多的财富名利都将毫无意义。如果说人生是一连串的数字的话，健康就好比是“1”，而事业、金钱、爱情、家庭就是“0”，没有了这个“1”，后面再多的“0”都是没有用处的。只有拥有了健康，后面这些“0”才会有意义。

然而，生活在当今这个金钱至上、物欲横流的社会，许多人面对各种各样的压力，为了物质生活的丰富，为了事业的蒸蒸日上，为了家人能过上更好的生活，不断加班加点拼搏着，沉醉于灯红酒绿中应酬着，不断挥霍着自己的身体健康。直到有一天，钱虽然挣到了，事业或许也成功了，但自己的身体早已不复当年，只能拿着之前挣到的钱和医院打交道。拿自己的青春和健康做赌注，去换取所谓的成功，是得不偿失的。这正应了那句话：“当你拼命得到一些东西的时候，你也将失去你所拥有的!”

已故的复旦大学讲师于娟曾在博客上发表她的《生命日记》，以自己不幸患上癌症的事实，阐述了加班、长期熬夜对身体健康的危害。她说：“生死临界的时候，你会发现任何加班，长期熬夜等于慢性自杀。”

生活中，人们通常把拥有财产的多少、外表形象的好坏看得过于重要，用金钱、精力和时间去换取一种令外界羡慕的优越生活和无懈可击的外表，丝毫没有察觉自己的内心在一天天地枯萎。金钱不应该是罪恶的根源，但如果金钱让人白天吃不香、夜里睡不着，它就会成为戕害你的刽子

手。对许多人来说，金钱不管拥有多少，仍觉得不够，这就是过于贪婪了。幸福和快乐原本是精神的产物，期待通过增加物质财富来获得它们，岂不是缘木求鱼？

所以，任何时候我们都不可远离生活中的真善美，不能被金钱所奴役，必须保持一颗不被铜臭所玷污的心，这样才能永远与快乐同行。否则，对金钱和财富的欲望会让我们坠入痛苦的深渊。

当我们为了拥有一辆漂亮小汽车、一幢豪华别墅而加班加点地拼命工作，每天半夜三更才拖着疲惫的身体回到家里；为了涨一次工资，不得不默默忍受上司苛刻的指责，日复一日地赔尽笑脸；为了签更多的合同，年复一年日复一日地戴上面具，强颜欢笑……以至于最后回到家里的是一个孤独苍白的自己。长此以往，我们终将不胜负荷，最后悲怆地倒在医院的病床上。此时此刻，我们应该问问自己：金钱真的那么重要吗？有些人的钱只有两种用途：壮年时用来买饭吃，暮年时用来买药吃。

美国石油大王洛克菲勒出身贫寒，在创业初期，人们都夸他是个好青年。当黄金像贝斯比亚斯火山流出的岩浆似的流进他的口袋里时，他变得贪婪、冷酷起来。深受其害的宾夕法尼亚州油田地区的居民对他深恶痛绝。有的受害者做出他的木偶像，亲手将“他”处以绞指之刑，或乱针扎“死”。无数充满憎恶和诅咒的威胁信涌进他的办公室。连他的兄弟也十分讨厌他，特意将儿子的遗骨从洛克菲勒家族的墓地迁到其他地方，并且说：“在洛克菲勒支配下的土地内，我的儿子变得像个木乃伊。”

由于为金钱操劳过度，洛克菲勒的身体变得极度糟糕。医师们终于向他宣告了一个可怕的事实，以他身体的现状，他只能活到50多岁；并建议他改变拼命赚钱的生活状态，在金钱、烦恼、生命三者之中选择其一。这时，离死亡不远的他才开始醒悟到是贪婪的魔鬼控制了他的身心。他听从了医师的劝告，退休回家，开始学打高尔夫球，上剧院去看喜剧，还常常跟邻居闲聊。经过一段时间的反省，他开始考虑如何将庞大的财富捐给别人。

于是，他在1901年设立了“洛克菲勒医药研究所”；1905年，成立了“教育普及会”；1913年，设立了“洛克菲勒基金会”；1918年，成立了“洛克菲勒夫人纪念基金会”。

他后半生不再做钱财的奴隶，喜欢上了滑冰、骑自行车与打高尔夫球。到了90岁，他依旧身心健康，耳聪目明，日子过得很愉快。

他逝世于1957年，享年98岁。他死时，手中只剩下一张标准石油公司的股票，因为那是第一号，其他的产业都在生前捐掉或分赠给继承者了。

生命只有一次，“留得青山在，不怕没柴烧”。我们要学会爱护自己，珍惜自己的健康。在金钱和地位面前，假如以牺牲自己的身体健康为代价，宁可放弃，也在所不惜。

有些人年老后回忆自己的一生，常常会说：“走过春夏秋冬，看尽人间秋色，回首走过的岁月，此时此刻我不再羡慕曾经的辉煌，也不再伤感过去的伤痛，我只有一个愿望，那就是健康地活着，快乐地生活。”

健康是幸福的根本，而不是换取财富的筹码。我们可以付出的是努力和智慧，不能出卖的是身体的健康、幸福的追求和心灵的安宁。尽管有时我们要为事业而奋斗，为家人而拼搏，但我们绝不能忽略自己，任何时候都要善待自己，爱惜自己。世上没有什么比我们的身心健康更珍贵！只有拥有革命的本钱，我们才能打赢一场又一场的人生之战。

5. 淡泊名利，宁静而致远

莎士比亚曾经说过：“名利是一件无聊的骗人的东西，得到它的人，未必有什么功德，失去它的人也未必有什么过失。”

追逐名利很难说是一种恶行，但过早涉足名利场，往往会使自己的言行均围绕虚荣而转，长此以往，为了满足虚荣心可能就会不择手段。

萨克雷的传世名作《名利场》就上演了一幕幕摆脱不了名利的桎梏，以灵魂讨换名利的故事：书中的人追逐的都是名利，美丽钻营的贝姬，善良软弱同时自私的艾米莉娅，性格迥然相异却又互相交织，共同奔忙在一个无法停下来的名利场。人生潮水此起彼落，周围掠过的不过是一个又一个忙碌的人：有人致力于一代代地复制积累金钱的营生；有人相貌丑陋、内心丑恶却终其一生有钱有势；有人穷困潦倒后更计较蝇头小利；有人表面上不计较地位门第却可以立刻翻脸无情。在这个浮华人间，人人为名利的尘烟所蒙蔽，悲剧因此而生。名利制造的不是快乐，而是恶，它成为了主人公一生的桎梏。

当今社会许多事业有成的人，常常在名利的束缚下，生活得很苦很累，失去了常人生活的乐趣，总是想着自己的一言一行、一举一动都要符合自己的身份，这就像给自己带上了名誉的枷锁，失去了生活的自由，也失去了生命的本真。

不为名利役使就是一切以人为本，该怎么做就怎么做。不要被眼前的花环、桂冠挡住前面的道路，而应该毫不犹豫地抛开一切身外之物，走自己的路，干自己的事，不因小成就而妨碍自己的大成功，这样才能获得心灵上的自由。

日本作家川端康成自获诺贝尔奖之后，受盛名所累，常被官方、民间，包括电视广告商人等，拉着去做这做那。文人难免天真，不擅应酬，心慈面软，不会推托；做事又过于认真，不懂敷衍，于是陷入忙乱的俗事重围，不知如何解脱，终于自杀，了此一生。

固然，对一位作家来说，能获得诺贝尔奖，“文学之井”已经算是凿得够深了。但如果不被卷入令人烦倦不堪的名利场，而依然能宁静度日，以他东方式的丰富晶莹的智慧，或可有更具哲理的创作留传于世。

从 1936 年夏天起，因《飘》的出版而声名鹊起的玛格丽特·米切尔，把所有的精力都耗费在要么将自己包裹起来、反抗它，要么忙于对付它布下的天罗地网。她如此坚决不让名声改变自己的生活是为什么呢？因为名利很容易成为桎梏，使身为作家的她失去创作的灵性，而失去艺术生命，正如德国诗人海涅所言：“我不盼望我的墓碑上饰着诗人的桂冠，却只要战士、宝剑和盔帽。”诗人的桂冠固然是一种无上的荣誉，但生命的精髓却不在于此，有许多真实的东西比它更有价值。

《瓦尔登湖》的作者梭罗，为了写一本书而去森林中度过了两年的隐士生活。他自己种豆和玉黍为食，摆脱一切剥夺时间的琐事俗务，专心致志，去体验林间湖上的景色与心灵所产生的共鸣，从中发现了许多道理，最终完成了这本名著。

一个人的精力有限，生命有限，在有生之年，只有把握住自己真正的志趣与才能所在，专一地做下去，才可能有所成就。这不但要有魄力，还要有判断力，摆脱外界的诱惑，不为一切名利权位等虚荣而中途改道，这样才能促使一个人走向人生的绚烂。

6. 主动与名利场保持应有的距离

名为招祸之本，利乃忘志之媒。历史上争名者往往未必得名，夺利者未必获利。在名利得失上保持平常心，对名利地位看得淡一些，就不会在名利面前失去平衡摔跟头，就能随时保持心情轻松愉快。

居里夫妇发现镭后，世界各地纷纷来信索求制镭的方法。

怎样处理这件事呢？某个星期日的早晨，居里夫妇进行了 5 分钟的谈话。皮埃尔·居里平静地说："我们必须在两种决定之中做出选择，一种是毫无保留地公布我们的研究结果，包括提炼办法在内……"

居里夫人做了一个赞成的手势说："是，当然如此。"

皮埃尔继续说："或者我们可以以镭的所有者和发明者自居。若是这样，那么，在你发表你用什么方法提炼铀沥青矿之前，我们须先取得这种技术的专利执照，并且确定我们在世界各地造镭业应有的权利。"

"专利"意味着巨额的金钱、舒适的生活，意味着传给子女一大笔遗产……但是，居里夫人坚定地说："我们不能这样办，这违背科学精神。"

居里夫人闻名世界，但她既不求名，也不求利。不相识的人问她："你是居里夫人吗？"她总是平静地回答："不是，你认错了。"她出名以后，几乎每天都会收到世界各地慕名者要求签名的来信。为了摆脱这种干扰，她专门印了一种写着概不签名的卡片，每逢接到来信，就给对方寄一张……

她一生获得各种奖金 10 次，各种奖章 16 枚，各种名誉头衔 117 个，却给人一种全不在意的印象。有一天，她的一位女友来她家做客，忽然看见她的小女儿正在玩英国皇家学会刚刚奖给她的一枚金质奖章，不由大吃一惊，忙问："居里夫人，现在能够得到一枚英国皇家学会的奖章，是极高的荣誉，你怎么能给孩子玩呢？"居里夫人笑了笑说："我是想让孩子从小就知道，荣誉就像玩具，只能玩玩而已，绝不能永远守着它，否则将一事无成。"

功名利禄乃身外之物，一味地追求这些东西不见得能够幸福快乐，相反很可能将自己推向充满痛苦的欲望深渊。所以聪明人善于取舍，于我有益者不懈追求，于我无益者果断舍弃，只有这样才能充分享受生活的快乐。

许多人都把阿姆斯特朗看成是登上月球的第一人，而且是唯一一位，似乎他身着宇航服在月球上行走的照片也证明了这一点。

其实，这实在是个历史的误会。与阿姆斯特朗同时踏上月球的另一位登月者叫奥尔德林，阿姆斯特朗的照片正是奥尔德林拍摄的！在一次为这两位登月英雄举行的欢庆宴会上，有人问奥尔德林："登上月球的是你们两个人，可人们都说阿姆斯特朗是第一个踏上月球的人，你是怎么想的呢？"奥尔德林幽默而宽厚地说："我可是第一个从月球踏上地球的人呀！"

奥尔德林是一个真正心胸宽阔的人，他懂得生活的本质在于经历，而不是虚名。他完全可以把自己炒作起来，说自己也是登上月球的人，可就算出名了又能怎么样？他还能像不出名时那样享受安静的生活吗？恐怕他也要像阿姆斯特朗一样成为新闻人物，连私生活都无法拥有了。

奥尔德林深知其中的奥妙，他不希望自己的正常生活被打乱，所以他宁可不要那些虚名，而是"隐居"起来。

落尽繁华，洗尽铅华，生在尘世中的人如过早地钻营于名利场，不仅会迷失心智，一无所成，甚至连人性中美好的东西都会泯灭。所以，在你能够声震人间之前，请先学会缄默，与名利场保持应有的距离。

7. 追逐名利要享受过程而不重结果

人类之所以为万灵之长，是因为人类不仅具有生存本能，更是建立了生存的社会组织——家族、民族、国家，伴随而来的就有了交换交流及管理工具——名利、金钱、权力、地位等。这是人类向高级社会演进的文明产物，属于美国心理学家亚伯拉罕·马斯洛在《人类激励理论》中提到的人类高层次需求——功名利禄。

古代圣哲说：饱暖思淫欲。这个“淫欲”既包含了人类低层次的本能需求，也包含了人类推动社会文明发展的高层次需求。当人吃饱喝足之后，他就会闲下来想点别的东西——享受。比如说吃饱了躺床上，可是嫌床太硬，那就猎杀野兽取其皮毛盖垫，于是就有了床垫、褥子等（生产活动）；伸伸胳膊蹬蹬腿的，嫌麻烦，倒不如找个人来捶捶，于是就有了丫鬟、下人；偶然间，发现某种叶子燃烧时味道很特别，想着吃饱饭再闻闻这味挺不错，于是就有了旱烟；吃饱喝足了，想着人家吃得比自己好，于是就想要一口尝尝，不给就抢，纠纷由此而起……

可以说，现代社会的一切发展都是围绕人类文明的基本需求而衍发分支，以最基本的需求为基石，一步步发展到高端需求，支配需求的就是欲望，从人类最基本的生物本能到圣人所说的“淫欲”来推动需求的发展，进而使人类社会发展。文明的产生和无止境的发展壮大，就是因为人类社会在逐步地改善自己。这个问题太过复杂，但我们可以只关注其核心的一点：只要我们生活在文明社会，就无法避免对功名利禄的追逐。

昔日乾隆皇帝游江南，爬上江苏镇江金山寺，只见江面上往来船只如梭，就问身旁的一位老和尚："僧家，你在这里住了多少年啦?"老和尚答："住了几十年了。"乾隆又问："你既住了几十年，可否告诉我，长江中船只来来往往，这么繁华，你每天看见长江上有多少船只往来?"老和尚答："只看到两条。"乾隆惊奇地问："你这是什么意思？我现在看到的也不止两条船!"老和尚淡然地说："人生只有两条船，一条为名，一条为利。"乾隆听后，感慨不已。

在商业社会中，人们都在"天下熙熙，皆为利来；天下攘攘，皆为利往"的经济循环赛中各显神通，苦苦追逐和求索。但世上的事情总是不尽如人意，得到的东西也并不真正属于自己。

北宋著名政治家、改革家范仲淹一生致力于政治改革，希望能够通过这种办法肃清官场、增强国力，虽然最终还是以失败收场，但他那卓著的功勋已经成就了他一生的辉煌。他几经沉浮，大起大落，而每一次他都能够坦然面对，宠辱不惊。

天圣六年（1028年），范仲淹荣升秘阁校理——负责皇家图书典籍的校勘和整理。秘阁设在京师宫城的崇文殿中，秘阁校理之职实际上属于皇上的文学侍从。因此，范仲淹不但可以经常见到皇帝，而且能够耳闻不少朝廷机密。对于宋代官僚来说，这是一个难得的腾达捷径。范仲淹每每了解到朝廷的某些内幕，便大胆介入险恶的政治斗争。当时刘太后执政，范仲淹认为此事于理不合，上奏要求刘太后还政于仁宗，结果被一纸诏书调任为河中府通判。3年后，刘太后去世，范仲淹才重回京师任右司谏。

没过多久，宋仁宗废后。范仲淹作为谏官，直言上奏，结果被远放江外，任睦州知州，后因治水有功，再次被调回京师任开封知府。宰相吕夷简诬蔑范仲淹勾结朋党，离间君臣，范仲淹又被剥夺待制职衔，贬为饶州知州，后来又被贬到岭南。

直到西夏入侵大宋，52岁的范仲淹才被恢复了天章阁待制的职衔，转眼又荣获龙图阁直学士的职衔。在他的努力下，大宋边境得以安宁。此时的范仲淹达到了人生的顶峰，主持了庆历新政。庆历新政失败后，范仲淹被革除了一切军政大权。庆历六年（1039 年），范仲淹又被贬居邓州。

几起几落的范仲淹早就悟出了人生的真义。在这期间，他写下了著名的《岳阳楼记》，算是对自己一生的总结：“登斯楼也，则有心旷神怡，宠辱皆忘……不以物喜，不以己悲……”

对于个人来讲，追逐名利可以让一个人达到人生的顶峰，但人的一生在人类历史发展长河中只是一滴水，微不足道。对个人来讲，金钱也好，名誉也好，利益也好，都是身外之物，过眼云烟。真正体现人生价值的，不在于得到了多少功名利禄，而在于你到底为这个社会做了什么，又做成了什么样的事业。

所以，对功名利禄不可不求，但一定要淡定，享受过程，而不重结果。“看那功名利禄随风过，三皇五帝成黄土，一世英名皆是空，妻室儿女同林鸟，百般恩爱万般怜，可惜黄泉路上不相逢。”请谨记这一古训。

8. 褪去功名世俗的外衣

作家张爱玲曾说："出名要趁早啊！来得太迟，快乐也就所剩无几了。"她的话被很大一部分人奉为圭臬，争着抢着想法出名，甚至不择手段。

对很多人来说，生活在这个世界上，不是为了求名，就是为了求利，否则就失去了生存的意义。名，是一个人外在的东西。当你没有出名的时候，你可以发展自己、完善自己、充实自己。等到出了名，各种各样的人就开始考虑怎么利用你了。当然，在别人利用你的过程中，你也会跟着得到一些好处。但从根本上讲，你的生活将变得纷扰，继而变得空虚。如果一生都被名利所束缚，必然会在追求名利的过程中失去自我。

一位编辑在1933年12月的《良友画报》上看见一位泳装丽人，惊诧于那个年代的女子如此"敢露"又如此美丽，细查发现，原来封面女郎叫杨秀琼，是当年红极一时的游泳运动员。

这位年仅15岁的广东姑娘不仅天生丽质，而且在民国第五届运动会上一举囊括了50米自由泳、100米仰泳、100米自由泳、200米仰泳和200米接力共计5枚金牌。当时蒋夫人宋美龄也在赛场看台上，喜爱游泳的她当即认下杨秀琼做干女儿，并送给她一辆小轿车，这成为轰动一时的新闻。

杨秀琼获得了"美人鱼"的雅号，在体育运动并不风靡的民国，地位更高于今日的郭晶晶。她迅速成为中国最热门的时尚代言人，某杂志将她和宋美龄、胡蝶、丁玲等人一起誉为“当代十大标准女性”。上海滩的名媛们因她掀起一股游泳热，高档商店的泳衣几度脱销，大报小报充斥着她的花边新闻及与诸多政府高官的绯闻。当时的行政院院长汪精卫在一次剪彩活动后，因为和作为嘉宾的杨秀琼相挽下台，第二天脸上就多了几道血痕，据说是汪夫人陈璧君的“杰作”。

然而，巨大的荣耀突然袭来，也像是一拳重击，使得太过年轻幼稚的头脑往往无法承受，被打得头晕目眩。因耽于逸乐和交际，杨秀琼的成绩直线下降。在3年后的柏林奥运会上，她代表中国作为唯一女泳选手参赛，首轮即遭淘汰。曾极力吹捧她的媒体立即露出了狰狞的面目，展开了同样极大的讥讽。

处于巨大失落之中的杨秀琼不堪重负，把婚姻当成了避难所，殊不知却带来了更大的灾难。未满19岁，她就有了两次婚姻，也是因为声名太盛，第一次婚姻仅一年就告终。第二次，她被四川某大军阀强娶为第18房姨太太，从此走出了人们的视野。

古人云：“求名之心过盛必作伪，利欲之心过剩则偏执。”因为名有美名和恶名之分，人有恶名，好比腥膻秽浊，会招来苍蝇、蚊子；人有美名，又好比鲜花散发出芳香，势必招来蜜蜂和蝴蝶。但无论是苍蝇、蚊子还是蜜蜂、蝴蝶，都只是徒增纷扰而已。

所以，君子既不干坏事立恶名，也不愿意立下好名声，只是不显山不露水而已，这样生活才有真正的和平和安乐。

1783年9月3日，英国正式承认美国独立。11月2日，在普林斯顿附近的洛基希尔，华盛顿向追随他征战多年的将士发表了告别演说，他说：“你们在部队中曾是不屈不挠和百战百胜的战士；在社会上，也将不愧为道德高尚和有用的公民……平民生活的俭朴、谨慎和勤劳的个人美德，与战场上更为壮丽的奋勇、不屈和进取精神同样可贵。”最后，他公开表达了自己即将退役、过平民生活的热切愿望，“分离的帘幕不久就要拉下，我将永远退出历史舞台了。”

两天后，华盛顿乘船离开纽约港，岸上送别的人流如潮。12 月 23 日，华盛顿向大陆会议辞去一切公职，亲手交回了大陆军总司令的委任状，正式宣布解甲归田。随后，他回到了自己日夜思念的故乡弗农山庄。

在给一位朋友的信里，华盛顿说：“亲爱的侯爵，我终于成了波托马克河畔一个普通的百姓，在自己的葡萄架和无花果树下休闲纳凉，看不到军营的喧闹和公务的繁忙。我此时所享受的这种宁静和幸福是那些贪婪地追逐功名的军人，那些日夜图谋策划、不惜灭亡他国以谋私利的政客，那些时时察言观色以博君王一笑的弄臣所无法理解的。我企盼能独自漫步，心满意足地走完我的人生旅途，我将知足常乐。”

从信中可以看出，从将军到公民，对华盛顿来说再平常不过了，就像当初应召入伍为国服务，义不容辞，这是义务，是责任，也是他作为军人的荣誉感，是他做人的基本原则。一旦胜利降临，戏剧落幕，他就坦然地告别这个舞台，没有一丝的犹豫和留恋。在华盛顿看来，为国家做任何事情都是责任和义务，而不是获取个人利益和名声的手段。

在古代，士大夫把立名看做是使生命不朽的一种方式。他们讲的名，是指扬名于后世，讲的是身后之名。也就是说，在你死了以后，你的美德仍然为人称颂，成为后人的榜样。这当然是件好事，与当今人们利用名声图谋他利完全是两码事。

出名，不是简单的名利双收、鲜花掌声。只有将名誉变成荣誉和美德，才会受到世人的敬仰。

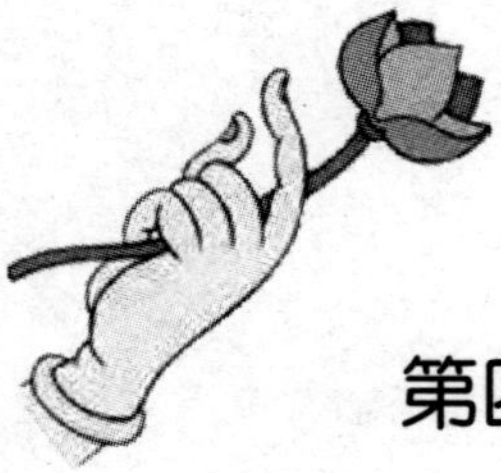

第四章　敢于吃亏，舍小利才能谋大业

“爱出者爱返，福往者福来。”吃亏未必是件坏事，有些吃亏看上去似“亏”，其实是在积蓄“益”。在诸多境遇下，损失蝇头小利往往能换得巨额的大利。可以说，吃亏既是一种境界，又是一种智慧。因此，不要为了眼前的一己之利而坠入“鼠目寸光”的圈套之中，或局限在“我不能吃亏”的狭隘思维中，否则反而会失去更多。

1. 爱出者爱返，福往者福来

很多人都怕吃亏，但越怕吃亏的人往往越容易吃亏。从古到今，没见过哪个处处占别人便宜不肯吃一点亏的人成就大事的。《红楼梦》里的王熙凤可能是比较不吃亏而且常常占别人便宜的人，她每每占了便宜，还要在老太太面前卖乖，但最终也落得个“机关算尽太聪明，反误了卿卿性命”的下场。

事实上，有时吃点小亏反而能得到更多好处。这是因为，很多时候你吃一点小亏，反而能给别人一种信任感。生命是脆弱的，钩心斗角毕竟不是人的本性。你给别人的安全感多了，你的机会也就多了。

叶敏和安娜是大学同班同学，毕业后她们在一家皮具生产公司找到了工作。上班第一天，经理把她们带到生产车间的流水线旁，让她们跟着领班熟悉岗位，并说：“公司为你们提供一个月的试用期，是否继续聘用，就看你们的表现了。”

开始的时候，她们干起活来都很有积极性，尽管每天重复着简单的劳动难免让人厌烦，而且上夜班也非常辛苦，不仅要聚精会神地工作，还要与瞌睡做斗争，但她们还是非常努力地去做了。一个月的试用期很快就结束了，她们都对自己信心百倍。试用期的最后一天恰好是夜班，经理在晚饭后叫住了她们：“很抱歉，经过公司人力资源部的考察，你们两个人都没有通过公司的试用，上完这个夜班，你们就可以走了。”说完，经理把这个月的工资交给她们，转身离开了，留下她们呆呆地站在那里。不知道过了多久，叶敏说："该去上夜班了，我们走吧。"

安娜说："你傻吗？我们已经被解雇了！"

"可是，如果我们都不去上夜班，厂里的生产线怎么办？"

"你想去你就去吧，反正我不去。"安娜说完就走了。

叶敏决定继续去上夜班，她想这怎么能算吃亏呢？公司给了自己一个月的薪水，虽然自己被解雇了，但那是明天的事，只要在职一天，就应该对工作负责到底。于是，她像什么都没有发生一样换上工作服去上夜班，没有因为自己已经被解雇而有丝毫的马虎和懈怠。

第二天一早，当叶敏收拾好东西准备离开的时候，经理满面笑容地迎了上来，说："恭喜你，你的试用期正式结束，请你明天到办公楼去接受新职位的安排。"

叶敏大惑不解，经理说："你们两个人都很优秀，但我们只能留下一位，和你的同伴相比，你对待工作的态度更让我们敬佩！"

生活中，不少人总以为别人占了自己一分便宜，自己就要想尽办法占三分回来，否则就是吃了大亏，但是事实真的如我们想象的那么单纯吗？其实不然，当你得意扬扬地以为自己什么亏都没吃时，实际上可能反而是吃了大大的亏。比如别人无意中踩了你一脚，实属无心无意之举，何必吹胡子瞪眼，弄得鸡飞狗跳，不欢而散？况且，局面越是混乱就越容易出意外。与其给人以可乘之机，倒不如心平气和地相互道一声"对不起"，不就什么事都解决了吗？

做人心胸宽广一点，并不会给我们带来太大的损失，反而会让我们赢得更多的敬意和人缘！

2. 吃点小亏，收获的是人心

有这样一个脑筋急转弯：你最不想吃但却经常吃到的是什么？答案是“吃亏”。几乎在所有人的意识里，亏是吃不得的。比如，在工作中，活干得比别人多，觉得吃亏；钱拿得比别人少，觉得吃亏；经常加班加点，觉得吃亏……其实，没有必要这样斤斤计较，吃亏不是灾难，不是失败，而是一种生活哲学。

可以说，能吃亏是做人的一种境界，是处世的一种睿智。一个不愿吃亏的人，会在斤斤计较中算计得失，常常会因小利而失大利。不懂吃亏，就不能完美地领悟人生，也很难在事业上取得辉煌。

东汉的太学博士甄宇为人谦让、忠厚。有一次，光武帝把西域进贡的一群活羊赐给都城官吏，要他们每人分得一只。负责分羊的人为此伤透了脑筋：这群羊大小不一，肥瘦不均，怎么分才能做到公平呢？于是，大家为此纷纷出主意。有人主张把羊全部杀掉，平均分配；有人主张抓阄，好坏全凭运气。甄宇说：“分羊其实十分简单，大家随便牵一只羊走不就可以了吗？”说着，他牵了一只最瘦小的羊走了。看到甄宇牵走了最瘦小的羊，其他人也不好意思去牵最肥壮的羊，于是，大家都牵那最小的羊。很快羊就被牵光了，大家都没有怨言。后来，光武帝知道了这件事，称赞甄宇为“瘦羊博士”。不久，群臣推举甄宇为太学博士院院长。

甄宇牵走小羊虽然吃了一点亏，但是，他却因此获得了同僚的拥戴和皇上的器重。由此看来，甄宇是吃了一个小亏，得了一个大便宜。所以，商人们常常说，“钓鱼需长线，有赔也有赚”。对于人生中的得失，我们一定要站得高，看得远，千万不要“只见锥刀末，不见凿头方”，只顾一时的利益，从而失去长远的利益。故意吃亏不是亏，而是有着深谋远虑的精明之举。

温州籍商人刘老板，在陕西铜川开了家机电设备公司。有一次，一个老客户来买电器配件，遗憾的是，刘老板找遍公司的库存，就是没有这个配件。这位客户着急得很，如果拿不到这个配件，他所在的企业将面临停工，而停工一天的损失将达5万多元。看到客户如此着急，刘老板一边安慰他，一边承诺一定在一天之内把货搞到。

客户刚走，刘老板便亲自出马打的直奔西安供货方，谁知西安也没货了。他没有办法，只好连夜乘飞机回杭州，然后再叫车赶往温州老家。折腾一番后已经是清晨四五点了，他不顾饥饿与疲劳，又在温州联系相关的生产厂家，在连续联系十几个厂家后，终于找到了这种电器配件。拿到电器配件后，他火速打车直奔温州机场，连下车看望一下父母的时间都没有。

第二天，当他把货交到客户手中时，客户感动得无法言语。

不过，这次生意对刘老板来说却是一桩赔本的买卖。因为一个配件才300元，利润也就30元，但是，他却付出了3000多元的交通费。

从表面上看，刘老板亏了好几千元，但是，他却得到了客户的信任。第二天，客户所在的企业就敲锣打鼓地送来大匾，还带上当地媒体来采访他，宣传他这种一心想着客户的事迹。就这样，刘老板吃亏待客户的消息在业内广泛流传，他的生意也因此越来越红火，得到的财富远比区区几千元的损失要多得多。

“吃亏是福”本身是一个利益交换等式，吃亏者并不希望利益白白受损，而是希望用“吃亏”换来“福”，当然，对于什么是“福”，各人的见解不同。可以确定的是，用眼前利益的暂时损失去换取长远的利益，这才是真正意义上的“吃亏是福”。

工作中，有些事情分得不是很清，谁多做？谁少做？如果大家都想占便宜，肯定有许多事情没有人去做，导致集体的利益受到影响。而如果大家都不怕吃亏，有什么事情都抢着去做，也许这次你吃亏了，也许下次他吃亏了，但是，工作都完成了，集体利益有了，大家感情融洽了，工作氛围好了。相比下来，虽然吃点小亏，还是收获了“福”。

朋友相处也是如此，如果你总想着占别人的便宜，也许会得逞一两次，可是，时间长了，谁还会相信你？朋友讲究的是为对方考虑，虽然“为朋友两肋插刀”有些江湖义气，但凡事多想着点朋友，时间长了，彼此都很了解了，因为舍得吃亏，你将得到一辈子的朋友。

3. 愚者赚今天，智者赚明天

美国商界有句名言："愚者赚今朝，智者赚明天。"很多时候，我们不必太在意一时得失，而要多看长远利益，多看大局，如果能以一时的小损失换来后期的大收获，也不失为明智之举。

美洲布法罗水牛群驰骋美国草原的景色壮观而诱人，但它却是流动的，常常可遇而不可求。一个年轻人为此想出了一个主意。他在报纸上刊登了一则广告，以 1 美元的价格销售一份十分有趣的观看水牛群的邀请函。邀请函除了对水牛群出现时间的预测外，还说如果预测出现差错，不能看到水牛群的话，邀请函销售方将赔偿购买者 2 美元。

这份独特的销售函吸引了很多人，有人看到了壮观的水牛群，也有人没有如愿看到，不过没有看到的人全都如约获得了 2 美元的赔偿。有人为这个年轻人算了一笔账，相比看到牛群的人数，没看到牛群的人数占的比例似乎更大，也就是说年轻人赚到手的钱远没有赔出去的多。但这个年轻人却没有停手的意思，而且邀请函销售的数量日趋增多。

原来，他赚的是"第二次利润"，其中的奥妙是：人们要到达观看水牛群的地方，必须经过一条河流，由于地处荒僻，渡过河流的唯一途径就是乘坐河边的小木船，往返需付出 5 美元的船票钱，而这条小木船的主人就是那个出售邀请函的年轻人。他超越了生意场上单纯的第一次利润，创造并赚取了"第二次利润"。

与此类似，洛克菲勒家族"因舍而得"的典型例子也是这一理论的有力佐证。

第二次世界大战的硝烟刚刚散尽，以美英法为首的战胜国首脑们几经磋商，决定在美国纽约成立一个协调处理世界事务的联合国。一切准备就绪之后，大家才发现，这个全球至高无上、最权威的世界性组织，竟然没有自己的立足之地。想买一块地皮，可刚刚成立的联合国机构还身无分文；让世界各国筹资，牌子刚刚挂起，就向世界各国搞经济摊派，负面影响太大。况且刚刚经历了第二次世界大战的浩劫，各国政府国库空虚，许多国家财政赤字居高不下，要在寸土寸金的纽约筹资买下一块地皮，并不是一件容易的事情。联合国筹备人员对此一筹莫展。

听到这一消息后，美国著名的家族财团洛克菲勒家族经过商议，果断出资870万美元，在纽约买下一块地皮，并将这块地皮无条件地赠给了这个刚刚挂牌的国际性组织——联合国。同时，洛克菲勒家族亦将毗连这块地的大面积地皮全部买下。

对于洛克菲勒家族的这一出人意料之举，当时美国许多大财团都吃惊不已。870万美元，对于战后经济萎靡的美国和全世界，都是一笔不小的数目，而洛克菲勒家族却将它拱手赠出，并且什么条件也没有。消息传出后，美国许多财团主和地产商纷纷嘲笑说："这简直是蠢人之举。"并纷纷断言：这样经营不出10年，著名的洛克菲勒家族财团，便会沦落为著名的洛克菲勒家族贫民集团。

然而，出人意料的是，联合国大楼刚刚建成完工，毗邻地价便立刻飙升起来，相当于捐赠款数十倍、近百倍的巨额财富，源源不断地涌进了洛克菲勒家族财团。这种结局，令那些曾经讥讽和嘲笑过洛克菲勒家族捐赠之举的人目瞪口呆。

如果洛克菲勒家族没有做出"舍"的举动，勇于牺牲和放弃眼前的利益，就不可能有后面"得"的结果。放弃和得到永远是辩证统一的。然而，现实中许多人常常执着于"得"，而忘记了"舍"。要知道，什么都想得到的人，最终可能会为物所累，导致一无所获。人生要想有所得，必须有所失，只有学会舍弃，才有可能登上人生的高峰。

4. 看似吃亏，实则得益

如果我们把商业看做一场“零和博弈”，对手得益就意味着自己受损，那么结果往往是两败俱伤。为了生存，企业必须学会与对手共赢，把商业竞争变成一场双方都得益的“正和博弈”。与对手共赢，就是以较小的代价换取更大的利益，这种策略类似于棋局中的弃卒保车，它应该成为经营者的必备技巧。

被誉为“日本绳索大王”的岛村宁次，起初以5角钱的单价大量购进麻绳，然后以原价卖给东京一带的纸袋工厂，从而赢得了“岛村宁次的绳索真便宜”的好名声，于是订单源源不断。这时，岛村拿着购货单对订户说：“这是我一年来购买绳索的收据，这一年我一分钱也没有赚你们的，长此下去，我只好破产了。”订户为岛村的诚信所折服，情愿岛村单价增加5分钱。接着，岛村又拿着顾客购货单据找到供应商，说：“一年来，我是一分钱也没有赚到，只是给您做了义务推销员，再干下去，我是受不了了。”供应商翻阅着原价卖出去的单据，感动不已，于是每根绳索降低5分钱供货。如此一来，每根绳索就可赚一角钱，利润相当可观。没过几年，岛村成为了腰缠万贯的富商。

岛村宁次后来深有感触地认为，只有胆识谋略过人的企业家才会对开始时吃亏，而后占大便宜的“原价销售法”敢于为之。

商业的根本在于盈利，但需要非凡的勇气与智慧，看似以诚信取信于人，实则目光长远；看似吃亏，实则无往不利。

有人问李泽楷："你父亲教了你一些怎样成功赚钱的秘诀吗？"李泽楷说，赚钱的方法他父亲什么也没有教，只教了他一些为人的道理。李嘉诚曾经这样对李泽楷说，他和别人合作，假如他拿七分合理，八分也可以，那么他只拿六分。

李嘉诚的意思是，吃亏可以争取更多的人愿意与他合作。想想看，虽然他只拿了六分，但现在多了100个合作人，他现在能拿多少个六分？假如拿八分的话，100个人会变成5个人，结果是亏是赚可想而知。李嘉诚与很多人进行过或长期或短期的合作，分成的时候，他总是愿意自己少分一点钱。如果生意做得不理想，他就什么也不要了，宁愿吃亏。这是一种风度，一种气量，也正是这种风度和气量，才使很多人乐于与他合作，他的事业才越做越大。可以说，李嘉诚的成功更得益于他恰到好处的处世交友经验。

吃亏是福，乃智者的智慧。不管你是做老板，还是做合作伙伴，身边的人跟着你有好日子过、有奔头，他才会一心一意与你合作，跟着你干。

有的人一旦与朋友分手，就翻脸不认人，不想吃一点亏，这种人是否聪明不敢说，但可以肯定的是，一点亏都不想吃的人，只会让自己的路越走越窄。让步、吃亏是一种必要的投资，也是与人交往的必要前提。

生活中，人们对处处抢先、占小便宜的人一般没有什么好感。占便宜的人首先在做人上就吃了大亏，因为他已经处处抢先，从来不为别人考虑，眼睛总是盯着自己看好的利益，迫不及待地想跳出来占有它。周围的人对他很反感，也不想与他继续合作了。合作伙伴一个个离他而去，那他不是吃了大亏吗？

据说有个老板，他没有文化，也没有背景，但生意却出奇的好，而且历经多年长盛不衰。说起来他的秘诀也很简单，就是与每个合作者分利的时候，他都只拿小头，把大头让给对方。如此一来，凡是与他合作过一次的人，都愿意继续与他合作，而且还会介绍一些朋友给他，再扩大到朋友的朋友。人人都说他好，因为他只拿小头，但所有人的小头集中起来，就成了最大的大头，他才是真正的赢家。

在这个竞争越来越激烈的社会，吃亏总是难免的，实际上，真正吃大亏的并不是那些老实人，而是那些自认为非常聪明的人。因为老实人总是能够吃下一时的小亏，即使最后得不到大利，也往往不会吃亏太多。而那些聪明人则不然，他们总是看似赚到了一些蝇头小利，实际上失去的更多。

因此，我们要做一个敢于吃小亏、善于吃小亏的人。小的损失往往能够换来大的回报。相对于未来的长久利益，这点“投资”还是值得的。

5. 分享赢得众人随

快乐是世界上成本最低、风险也最低的成功，却能够给人以真实的受用，但我们并非每时每刻都能够拥有它。常言道，一份快乐两个人分享，就变成了两份快乐；一份痛苦两个人分担，则变成了一半的痛苦。所以，学会分享十分重要。甘于分享是豁达，懂得珍惜是智慧。

不会与别人分享，最终的结果是自己也享受不到。快乐分给大家就会成倍地增加，相反，如果紧握住不放，就会有别人嫉妒你的快乐。

从上海到伦敦怎么去才好玩？这是上海一家电器公司的有奖征答题目，特等奖是40寸彩色电视机。参与活动的情况异常热烈，书信如雪片一般飞来。竞逐者来自全国各地，其中不乏教授、大学生、上班族、家庭主妇等，答案是无所不包，创意是无奇不有。决选的结果却出人意料，由一个小学生雀屏中选。他的答案很简单：跟好朋友一起去最好玩。

生活中，我们安慰受伤的人，这是将力量与他分享；搀扶跌倒的路人，是将爱心与他分享；把微笑献给擦肩而过的路人，是将善意的阳光与他一起分享。这么多看起来很平凡的分享，却能够给我们带来不平凡的快乐。

懂得分享的人，能体悟到快乐的真谛，品味出人生的美丽；然而，自私自利的人，不仅仅是对别人的吝啬，也是对生活的一种吝啬。当你看到一位挨饿的老人在街边乞讨，而你吃饱了还捧着可口的蛋糕从他身边走过时，你一定会分给他一些；当你面对流浪的小动物，不要把它一脚踢开，可以把它抱回家去精心照料，令它感受到家的温暖、人类的善良。这何尝不是一种快乐？

我们每一个人，对于自己所碰到的人，都有爱和被爱的相互责任。我们怎样为他们树立爱的榜样，将会对他们如何去爱别人产生重大影响。当我们表达爱心的时候，别人会看着我们，甚至把我们当作学习的榜样。

也许你会问："谁可以当我们的好榜样？谁是我们最应该仰慕的对象？"你可以从历史人物中找到他们，也可以在开放和诚实的心态下遇见他们，你还能在日常生活中发现他们。

南丁格尔舍弃了财富和舒适的生活，去追寻她心中真正的需求。她被一种要去照顾千千万万人的使命所驱使，要去分担他们在她身边死亡的时候所经受的绝望的情绪和恐惧。最后她成为了我们今天所熟悉和敬仰的"白衣天使"之母。

甘地将自己的一生完全投入到追求自由之中，他的不流血革命的理论和实践，终于使处在英国殖民统治下的印度人摆脱了帝国主义的束缚。当他一再被要求写下自己的生平回忆时，他给出了一句最有个性的答复："我的生平就是我的信仰。"

快乐的最高境界是忘我，不是为自己，而是为了满足大家共同的利益，给予的、奉献的、分享的快乐，才是真正永久的快乐。古波斯拜火教的始祖佐罗亚斯特说："为别人做好事，不是一种责任，而是一种快乐，因为这能增加你自己的健康和快乐。"这就是分享带给我们的快乐。

6. 独乐乐不如众乐乐

幸福是一种难以捉摸的、瞬息万变的东西。当你追求幸福时，你会发现幸福总是在躲着你走。而当你把幸福送给别人时，幸福也会悄悄地来到你身边。事实上，寻找幸福最可靠的办法就是竭尽所能地使他人得到幸福。

“如果你有 5 个苹果，你会怎么做呢?”一位老人问前来拜师学艺的年轻人。年轻人不假思索地回答道：“我会自己吃掉 1 个，另外 4 个分给朋友。”“为什么?”“我吃 1 个苹果，能品尝出苹果的味道，吃 5 个苹果照样还是品尝出苹果的味道，不如与别人分享，让别人也品尝苹果的味道，5 份苹果的味道变成 1 份苹果的味道与 4 份快乐，何乐而不为呢?”最终，年轻人成功拜师。

独乐乐不如众乐乐，幸福在与人分享的时候会加倍奉还。一位禅师种了一院子的菊花，到了秋天时节，幽幽的菊香飘到了山下的村落，于是就有村人来讨要几棵想种在自家院子里。禅师总是热情地亲自挑选开得最艳的几棵，挖好送给这些村人。消息很快传开了，来要花的人络绎不绝，没过多久，院子里的菊花被送得一干二净。弟子们看着满院的凄凉，连声说可惜：“这里本是满院飘香的菊花，现在却一株也没有了。”禅师笑着对他们说：“等 3 年后就有一村子的菊花，这样岂不更好吗?”

懂得分享的人，一定是友善、豁达的人，因为精神上的分享不会使自己损失什么，却能让这个世界充满温情，而自己也会一直被包围在这种温情当中。

所以，不管你是凡夫俗子还是高官显贵，当你得到幸福的时候，一定不要只顾自己独享，只有与大家分享才是最令人快乐、满足的一件事——只有把幸福奉献给那些渴望得到幸福的人，才能体现出我们的自信，才能得到最大的快乐分享。

有一对年轻夫妇，他们的邻居是一对年老的夫妇，老太太的眼睛几乎瞎了，并且瘫痪在轮椅中。老大爷本人身体也不太好，整天待在屋子里照料自己的妻子。一年一度的圣诞节快要到了，这对年轻夫妇决定装饰一棵圣诞树送给两位老人。他们买了一棵小树，将它装饰好，带上一些小礼物，在圣诞前夜把它送了过去。老太太感激地注视着圣诞树上闪烁的小灯，伤心地哭了。在以后的日子里，当他们拜访这两位老人时，老人都会提起那棵圣诞树。对于这对年轻夫妇来说，他们只是做了一件小事，却把最大的幸福送给了别人。

在这个世界上，歌唱家与听众分享了美妙的歌声，感到幸福；厨师与客人分享了美味佳肴，感到幸福；老师与学生分享了授渔和受渔的知识，感到幸福。这是因为，分享与奉献就是一对双胞胎，奉献是分享的前提，有了奉献才能收获分享幸福的时刻。你奉献了一份爱，便等于多了一个人与你分享爱。你奉献了一份快乐，便等于多了一个人与你分享快乐。生活中有很多事例说明了两者的关系，比如在捐书活动中，你捐出了一本书，你奉献了知识，此后便有更多的人与你一起分享知识；在抗震救灾活动中，你捐出了一件棉衣，奉献了温暖，灾区人们便和你一起分享温暖。无论你奉献了什么，分享了什么，在这之后，你都会感受到快乐。

7. 播撒阳光必能收获温暖

付出，是一种气度，一种胸怀，一种境界。不可否认，每个人内心深处都希望只有索取，无须付出。因此，性格自私的人不愿意对别人付出任何关爱，也永远体会不到来自他人的友情和温暖。而胸襟开阔的人则始终生活在幸福和关爱之中，这些幸福和关爱既来自于别人，也来自于他们自己。

冬天的晚上，陈欣每天下班后都要拎着汤去看望腰椎扭伤的父亲。父亲因为帮助邻居搬预备过冬的大白菜，弯腰时用力过猛，造成腰椎骨裂，瘫在床上无法动弹。母亲每天给他擦洗身子，煎浓浓的药汁为他熏蒸伤处；去菜市场买来骨头熬汤，精心烹制新鲜的菜肴；让他喝甜美的果汁。父亲是个悲观的人，无论什么事情在他看来都是忧愁的，让人烦心的，这下子躺在了床上，就更要抱怨“生不如死”，“人活着就是受罪”了。陈欣不动声色地说着冷笑话，先让幽默的气氛给病房冰冷的空气“热身”，吃完饭后又给父亲读报，尽量“报喜不报忧”，读那些鼓励人心的文章，说那些充满阳光的话语。结果，父亲所在的病房里总是悬着一轮春日里的太阳，进进出出的人脸上都笑眯眯的，虽然这是很冷很冷的冬天的夜晚。父亲的伤很快好了，最重要的是，他的心态也发生了变化。他知道，无论发生什么事，家人总在他的左右，不离不弃。放宽了心的父亲，笑容明显多了，话语也渐渐多了起来，要知道，从前他的脸上总是阴云密布，时有小雨，偶尔还会电闪雷鸣。

这桩坏事变成了好事。更关键的是，陈欣在家里找到了那种温暖的感觉。母亲年轻时十分刚强，但她为父亲擦洗时，眼神竟充满了怜惜、柔情。

原来幸福如此简单，当我们心甘情愿地付出，为家人，为他人，我们是幸福的；而当心稳妥地跳动着，知道有人会为你牵挂，为你付出，你们互相依存，你的内心也会充满幸福的感觉。

播撒阳光必将收获温暖。付出时，我们会感知自己的伟大，尽管那是不为人知的伟大。付出时，我们会感受到自己的人生价值，会获得无比的快慰。予人玫瑰，手有余香。付出的感觉如此美妙，它像一股暖流在我们的身体里涌动，让我们感到浑身舒服自在。

下面是一个守墓人亲身经历的故事。

每周守墓人都会收到一位素不相识的妇人的来信，信中附着钞票，要他每周帮她在她儿子的墓地上放束鲜花，这样的状况持续了很多年。后来有一天，他们见面了。那天，一辆小车停在了公墓的大门口，司机匆匆来到守墓人的小屋，说："夫人在门口的车上，她病得走不动了，请您去一下。"

守墓人来到车边，只见一位上了年纪的妇人坐在车上，表情有几分高贵，但眼神却很哀伤，毫无光彩。她怀抱着一大束鲜花。"我就是鲁比夫人，"她说，"这几年我每个礼拜给您寄钱……"

"买花。"守墓人答道。

"对，给我儿子。"

"我一次也没忘记放花，夫人。"

"今天我亲自来，"老妇人温存地说，"因为医生说我活不了几个礼拜了。死了倒好，活着也没意思了。我只是想再看一眼我儿子，亲手来放一些花。"

守墓人眨着眼睛，苦笑了一下，决定再讲几句："我说，夫人，这几年您常寄钱来买花，我总觉得可惜。"

“可惜?”

“鲜花搁在那儿，几天就干了。没人闻、没人看，太可惜了!”

“您真的是这么想的?”

“是的，夫人，您别见怪！我是想起自己常去的敬老院，那儿的人可爱花了。他们爱看花，爱闻花。那儿都是活人，可这儿墓里哪个活着?”

老妇人没有作声。她小坐了一会儿，默默地祷告了一阵，没留话便走了。守墓人后悔自己说的话太直率、欠考虑，这会使她受不了的。

不料几个月后，这位老妇人又忽然来访，把守墓人惊得目瞪口呆：她这回是自己开车来的。老妇人微笑着，显得很开心：“我把花送给那里的人了，他们看到花是那么高兴，这真让我感到快乐！我的病也好转了，医生都不明白是怎么回事，可是我自己明白。”

有时候，一个充满仁慈与爱的小小善行，会铸就人生大爱的舞台。善待社会，善待他人，并不是一件困难的事，只要心中常怀善念，即使是举手之劳，也能给予别人很大帮助，何乐而不为呢？给迷途者指路，向落难者伸出援手，真诚鼓励失意的朋友，等等，这些看似微不足道的举动，却能给别人带去力量，给自己带来付出的快乐和良心的安宁。

8. 帮助别人也是帮助自己

想必大家都知道“盲人打灯笼”这则寓言故事，里面讲到一位盲人在夜间行走时，手里总是提着一个明亮的灯笼，这一举动让路人颇感好奇，便问他说：“您什么都看不见，为什么还要提着一个灯笼呢?”盲人面带笑容地回答道：“道理很简单，我提着灯笼是为了让别人容易看见我，不会误撞到我，这样就可以保证我的安全，也等于帮助了自己。”

“盲人打灯笼——多此一举”，这本来是用来形容别人做一些无用功的事，但是我们却从侧面感悟到一个深刻的人生哲理：当你照亮别人的同时，也照亮了自己。

一对夫妇平时待人不错，在街坊邻居中极有人缘，他们下岗不久，在小城新兴的一个市场里开起了火锅店。由于夫妇俩待人热忱、价格公道，赢得了大批回头客，火锅店的生意一天比一天好。不过，每到吃饭的时间，小城里行乞的七八个大小乞丐，都会成群结队地到这家火锅店来行乞。夫妇俩每次都笑呵呵地给这些肮脏邋遢的乞丐的讨饭盆中盛满热饭热菜。而且他们在施舍的时候，没有丝毫做作之态，表情十分自然，就像他们所做的这一切原本就是分内的事情。

日子就这样一天一天地过去。一天深夜，市场里一家从事丝绸生意的店铺忽然失火，很快殃及了火锅店。这一天，恰巧丈夫去外地进货，店里只留下女人照看。正当她束手无策、万分着急之时，那群天天上门乞讨的乞丐不知从哪里钻了出来，冒着生命危险将那些笨重的液化气罐迅速搬运到安全地段，并将那些易燃物品也搬了出来。消防车很快开来了，由于抢救及时，火锅店虽然也遭受了一点小小的损失，但最终给保住了。火灾过后，人们都说这是夫妇俩平时善待那些乞丐的结果，要不是乞丐们帮忙，火锅店恐怕要关门了。

生命就像回声，你送出什么它就回应什么，你播种什么就收获什么，你给予什么就得到什么。心要靠心来交换，感情只有用感情来交换。同样的道理，一个乐于助人的人同样也会得到别人的尊重和回报。

当然，我们帮助别人的初衷并非是要得到回报，但是大部分获得帮助的人都会感恩，会记住别人的善意。有些时候，与人方便的同时也是与己方便。

一位穷苦学生为了凑足学费，挨家挨户地推销商品。他一心想要凑足学费，于是决定硬着头皮靠乞讨食物度日，以便尽可能少花点钱。有一天，年轻人敲了一户人家的门，开门的是个小女孩，他一看便失去了勇气，心想：天底下哪有大男生向小女孩讨东西吃的，于是只要了一杯开水解渴。小女孩看出他非常饥饿，便拿了一杯开水与几块面包给他。他把食物接过来，狼吞虎咽地吃着。一旁的她看到他这种吃法，不禁偷偷地笑了。吃完后，他感激地说："谢谢你，我应该给你多少钱?"她满脸开心地笑着说："不必啦，这些食物我们家有很多。"年轻人觉得自己很幸运，在陌生的地方还能受到他人如此温馨的照料。

多年以后，小女孩长大了，不幸感染了一种罕见的疾病，许多医生都束手无策。女孩的家人听说有个医生医术高明，找他看看或许有治愈的机会，便赶紧带她去接受治疗。在医生的全力救治和长期护理下，女孩终于恢复了健康。出院那天，护士把医疗费用账单交给她。女孩几乎没有勇气打开来看，她知道自己可能要辛苦工作一辈子才还得起这笔医疗费。最后，她还是打开了，看到签名栏写了这样一句话："一杯开水与几块面包，足够偿还所有的医疗费。"女孩眼里含着泪水，原来主治医生就是当年那个穷学生。

一次小小的给予，就可以帮助一个人渡过难关；也往往因为这样，在我们遇到难关的时候，也会有人帮助我们。

许多人活了一辈子都不会明白，自己在帮助别人时，其实也是帮助了自己。他们会问：“明明是我去帮助他们，他们受惠，怎么会是帮助了自己呢？我受的惠在哪里？”其实，我们在帮助别人时，无形之中就已经投资了感情，别人对于我们的帮助会铭记在心，只要有机会，他们会主动报答的。

任何一种真诚而博大的爱都会在现实中得到应有的回报。所以，善待别人即是善待自己。试着帮助他人，给他人方便，你会得到更多的收获。

9. 要想取之，必先予之

“先予后取”看似自己退一步，实际上是一种靠给对方甜头让对方帮自己一把，从而清除生意场上障碍的做法，这样一来，互惠互利、双赢双喜。

曾宪梓幼时家境清贫，于1968年移居香港。初到香港时，他两手空空，生活艰难，于是萌发了创业的决心。

他认真研究香港的市场状况后发现，来自法国、意大利、美国等国家的名牌领带开始进入香港市场，且大有泛滥之势。而拥有几百家服装厂又很喜欢穿西服的香港人，却没有一家比较正规、设备像样的领带工厂，更谈不上什么名牌产品。这不正是创业的好机会吗？

于是，胆识过人的他决定开港产名牌领带的先河。他拿出平时省吃俭用积攒的6000港元，腾出自家租住的房子，与夫人黄丽群女士一起，靠一把剪刀办起了领带生产厂，开始了艰苦的创业历程。

领带是做出来了，如何卖出去呢？曾宪梓想到了一个办法，他将自己做的领带和从商场买回来的领带混在一起，拿着这些领带去找瑞兴百货公司的何经理。何经理仔仔细细比较后，竟然分辨不出来。

曾宪梓看着何经理的神情，心里很是兴奋，表面上却不动声色，然后建议何经理订购自己的领带。

何经理问：“多少钱一打？”

曾宪梓开价：“60港元。”

何经理一惊："港产领带最贵的才卖42港元，哪有这么高价钱的？"

曾宪梓对自己的领带非常有信心，他说："那不如这样吧，我把领带交给你代销，卖出去以后再结账。"

不到一个礼拜，何经理便给曾宪梓打来电话："老曾，赶快再送4打来，上次拿来的卖完了，你快来收钱吧！"

从此，曾宪梓的领带一举打入市场。"金利来"很快就在香港小有名气。

商品代销如今已非常普遍，但在60年代的香港，曾宪梓提出代销的形式与对方合作，实属创举。

"欲取之，先予之"，曾宪梓让代销方零投入销售，实际上是利用了代销方的渠道，从而成功地进入了市场。

先予后取只是暂时的舍弃与牺牲，但却能够换来长久的收益。因此，聪明人都不会把目光放在咫尺之间，而是高瞻远瞩，为日后的发展深谋远虑。

35岁的休斯顿原本是一家小公司的仓库保管员，常年过着日出而作、日落而息的枯燥生活。他早就厌倦了这种表面轻松却极度无聊的工作，也不想一辈子都给别人打工，于是打算辞职自己做生意。由于他没有任何做生意的经验，亲友们听说他要辞职，都劝他老老实实工作，不要冒任何风险。但休斯顿决心已下，很快，他就在斯图尔市的闹市区租了一个店面，准备发掘自己人生的第一桶金——从事水果批发生意。

他的水果批发生意异于常人，所有水果的价格均是全市最便宜。本来，质优价廉也未尝不可，但他的价格之所以能做到行内最低，是因为他全部以零利润出售。也就是说，他不仅赚不到钱，还要赔上房租、水电等费用。

面对同行的鄙夷嘲笑和亲友的质问，休斯顿并不解释，始终坚持以零利润经营水果生意。更让人吃惊的是，他还将自己工作7年攒下的积蓄全都取出来，又开了一家首饰加工店和服装干洗店，并继续以零利润经营。

所有人都认为休斯顿肯定是脑子出了问题，世上哪有人会这么傻，做不挣钱的买卖？不可否认，休斯顿的几家店生意都十分红火，但这也意味着他必须付出更大的代价。很多人预测休斯顿撑不了多长时间。

果然，一年之后，休斯顿终止了所有的生意，将所有店面都关停了。大家都嘲笑他的无知和幼稚，亲友们更为他的执拗感到惋惜。但是，休斯顿没有表现出任何的后悔和灰心，他迅速筹措资金，又新开了一家店面，而且是全市独一无二的生意——经营中国什锦。这次，他改变了零利润的经营方式。

开业之初，美丽的中国什锦首先吸引了消费者的眼球，加之品种繁多、质量上乘，休斯顿的什锦之路一天比一天宽广。不到半年时间，他就连开5家分店，生意十分兴隆。期间，有人看到休斯顿的什锦生意如此火爆，十分眼红，也开了类似的店面，奇怪的是，几乎所有顾客都集中在休斯顿的店里，而很少光顾其他商家。无奈，他们只得草草收场。

很多人都认为，“成事不足，败事有余”的休斯顿在什锦上只是“瞎猫撞上了死耗子”。其实，真正的秘诀只有休斯顿自己才知道：他的成功并非是人们所说“幸运”，而完全是靠他高超的经营智慧及对人性的精确掌握。

原来，休斯顿从创业之初就决定要做中国的什锦生意。但是，要想让当地民众认可中国什锦，除了产品的质量和价格之外，还必须打出属于自己的个人品牌。他的聪明之处在于，先利用前期从事水果批发、服装干洗和首饰加工，以零利润的经营方式博取人们的深刻印象——休斯顿的旗下，无论是水果批发、首饰加工还是服装干洗，价格始终是全市最低的。时间一长，大家的潜意识就有了一个自我暗示：休斯顿出售的东西，价格都是最优惠的。“休斯顿”三个字，俨然已经成为最实惠的品牌代言。

由此可知，休斯顿的零利润经营方式，貌似很傻很愚笨，但经由聪明的市场运作及对人性的精确掌握，却成了绝妙的智慧体现：眼前的损失是暂时的，个人的品牌和实实在在的长期回报才是真理。

第五章　少些计较，快乐并非因为拥有的多

人生不必太计较，极力争，未必得；极力让，未必失。一个人的快乐，并非因为他拥有的多，而是因为他计较的少。多是负担，是另一种失去；少非不足，是另一种有余；舍弃也不一定是失去，而是另一种更宽阔的拥有。所以，当与人相处或遇到利益纠纷时，我们不妨谦让。谦让是一种智慧、一种策略，懂得谦让的人更容易获得双赢，更能够以最小的代价获得利益的最大化，从而开创快乐幸福的人生格局。

1. 不要仰望别人的幸福

一位哲学家曾经说过：“当你把别人的幸福看得过重时，自己的幸福就会被看得更轻。”生活中，很多人都容易犯这样的错误，常常主观地认为别人的东西比自己的好，事实上，自己的东西未必不如别人，别人的幸福也未必比自己的更甜蜜。

每个人的内心都有一座幸福花园，那里四季郁郁葱葱，有鸟儿低语，有露珠闪烁。但很多人对自己园中的美好景色视而不见，甚至因为疏于打理和关注而使那片花园长时间荒芜。

美国哈佛大学的教授泰勒·本·沙哈尔说，由于人们经常去艳羡他处的风景，而忽略了眼前的动人景色，往往会错过生活已经展露出的幸福枝丫。而这种对自己的幸福视而不见，恰恰是人们爱计较的表现之一。当我们能够将视线放在自己唾手可得的现实上，善于发现和捕捉幸福，我们的生活一定会充满美好的体验。

有一天，天使碰到一个农夫。农夫看上去有些烦恼，他向天使诉说着自己的境遇：“我家里的水牛死了。失去了水牛，我就没法下田干活了。”于是，天使送给农夫一头健壮的水牛，农夫开心极了。

次日，天使遇到了一个年轻的诗人，诗人才貌双全，家境优越，还有一位温柔美丽的妻子。但是他总觉得自己不开心，经常愁眉苦脸。天使问他：“你看起来很不开心，有什么我能帮你的吗？”诗人看了看天使，说：“我不缺钱，对自己的相貌也很满意，还有一个温柔美丽的妻子，但我只缺少一样东西，你能帮我实现吗?”天使应允，诗人说：“我想要的是和别人一样的幸福。”

天使想了想，说：“我明白你的意思了。”天使拿走了诗人的才华，让他的容貌变得丑陋不堪，诗人变得一贫如洗，妻子也离他而去。

一个月后，天使又来到诗人身边，此时的诗人穷困潦倒，连饭都吃不饱了，于是，天使将诗人原来拥有的一切重新还给了他。诗人搂着妻子，不停地向天使道谢，因为此时此刻，他终于明白了什么是真正的幸福。

很多人不愿意给自己的幸福下一个定义，甚至不愿意认可自己，总觉得自己不够幸福，起码不如别人幸福。

正如小说家莫泊桑所说：“人的一生，既不像想象中的那般美好，也不会如想象的那样糟糕。”同理，别人的生活未必如你想象的那么好，你自己的生活也未必如你想象的那样糟。一味地仰望别人的幸福，只会将自己拥有的一切白白浪费掉。

当我们能够将目光踏踏实实地放在自己的身上，用心去体味生活的本真和意义，就会发现快乐并不难。而当我们寻找到了生活的乐趣和意义，生命就有了质量，人生才能由我们自己掌控。

一位歌唱家很小的时候就展现出了歌唱方面的惊人天赋，认识他的人都认为他日后必定会成为一颗耀眼的歌坛明星。然而，他后来的发展却很不顺利，数年间，他的生活和事业一度沉寂。眼看和自己同时期奋斗的歌手都开始大红大紫，他羡慕极了，内心也充满了惆怅，渴望自己可以和那些人一样成为受人瞩目的明星。

但是，他所期望的机会一直没有降临到他的身上，终于，心灰意冷的他想到了结束生命。一天傍晚，他来到住处的顶楼准备了结此生。一位养鸽子的老人拦住了他，并关切地询问他，究竟有什么事情让他选择轻生。他没有回答，老人又问：“你过得不好吗，年轻人?”歌手看了看老人，还是没有回答，甚至不屑去回应。后来，歌手应付了一句：“别人都过得比我好。”

老人没有作声，过了好一会儿，才笑着说：“我认识你，你唱的歌很好听，我家里还有你从前出过的专辑。”歌手身子微微一颤，但还是没有转过身来。他有些凄凉地说：“我现在居然狼狈到要跳楼的地步，你一定很失望吧！”“你唱歌唱得很好，我们全家都很喜欢听。”老人答非所问，接着，老人若无其事地唱起了歌手曾经唱过的歌，但是跑调的地方实在很多。

歌手终于忍不住开始指正老人，老人带着自嘲的口吻说：“年轻人，我唱得是不是很难听？我唱不出你那样动听的歌，但是在唱歌的时候，我却和你一样幸福，或者说我们原本就一样幸福。”

歌手终于回过头来，看着面前这个衣衫褴褛、生活窘迫的老人，沉默了很久。突然，他若有所思，冲上去用力地抱住老人，嘴里不停地重复着：“不错，是这样的。每个人的幸福都是等价的。”

诚然，每个人都是自身幸福的载体。当我们在生活的路上前行时，一定要学会掌控自己生活的节奏，学会享受生活带给我们的各种感受。无论幸福还是悲伤，只要用心体验，总有令人感动的乐章。

无论何时，请记住，不要忽视自身的拥有，别处的风景再美，那也只是别人的轨迹。当幸福来敲门时，我们要做的是，微笑着打开门，用心去迎接生命的贵客。

2. 不计较过去，不算计未来

生活在物质丰富的现代社会，许多人都学会了享受生活，一身名牌，流行的数码产品一样不落。但是，这样的生活就是享受吗？为什么在物质生活极大丰富的今天，很多人还是满腹牢骚呢？

从前，一个富人和一个穷人谈论什么是幸福。穷人说："幸福就是现在。"富人望着穷人的茅舍、破旧的衣着，轻蔑地说："这怎么能叫幸福呢？我的幸福可是百间豪宅、千名奴仆啊！"后来，一场大火把富人的百间豪宅烧得片瓦不留，奴仆们各奔东西。一夜之间，富人沦为了乞丐。七月酷暑，汗流浃背的乞丐路过穷人的茅舍，想讨口水喝。穷人端来一大碗清凉的水，问他："你现在认为什么是幸福？"乞丐眼巴巴地说："幸福就是此时你手中的这碗水。"

随着年龄的增长，我们对幸福开始有了一知半解。现在想来，幸福无时无刻不在你我身边，幸福是你在初夏的早晨打开窗户时迎面吹来的一股清风；是你将上身探出窗外，眺望那向你招手的蓝天白云；是你从慈母手中接过饭碗时的心存感激；是你独坐一隅静静地听歌时的凝神遐想……

幸福就在你的身边，你的一举一动，一言一笑，幸福都知道。只要你用心感觉、用心体会每一刻的不一样，每一物的奇妙，你就可以得到幸福，并且像幸福一样无私地、公平地对每一个人微笑。

一份新创刊的杂志，推出了一项"征画活动"，要求应征作品必须以《世界的最后时刻》为题。在限定的日期内，来自世界各地的应征作品堆积如山。为了获取高额奖金，所有的应征作品都将想象力发挥到了极致：有的画了在世界的最后时刻情侣紧紧地抱在一起，一边喝酒一边接吻；有的画了在世界的最后时刻将钞票堆在大街上燃烧；还有的画了在世界的最后时刻坐上宇宙飞船逃离地球……但最后获得20万美元一等奖的，却是一位家庭主妇画的一张漫画。她在厨房洗刷完碗筷后，正伸手关紧水龙头。丈夫则坐在餐桌旁喝着一杯咖啡，一边还有一杯冒着一缕热气的咖啡在等着她。在餐桌旁的地板上，有两个小男孩在玩积木。

评委们对这幅看似平常的一等奖作品的评语是：我们震惊于这一家人的平静，他们理解了世界存在的意义及人对幸福的最高追求。

威廉·奥斯乐是一位名医，他越来越多地接触到因烦恼和忧虑而生病的人，他们总是因为过于烦恼以前和忧虑未来，长期闷闷不乐，毁坏了健康。为了更彻底地治好这些人的病，他给他们开了一个简单却有效的方子：“每一个刹那都是唯一。”他说：“无限珍惜此刻和今天，还有什么事情值得我们去担心呢？每天只要活到就寝的时间就够了，不知抗拒烦恼的人总是英年早逝。”

的确，如果我们每天都处于忧虑中，身体就像一根绳子般拉来拉去，迟早会拉断。所以，当我们吃的时候，要开心地吃，不管在吃什么；当我们玩乐的时候，要尽情地玩乐，不管在玩什么；当我们爱上某个人的时候，要全身心去爱，不计较过去，不算计未来。就像《乱世佳人》中的女主角郝思嘉一样，在烦恼的时刻总是对自己说：“现在我不要想这些，等明天再说，毕竟，明天又是新的一天。”

总是抱怨自己不幸的人，不要用沉重的欲望迷惑自己，不要总是看到自己还不曾拥有的东西，而要静下心来，放下心灵负担，仔细品味自己现在拥有的一切。学会欣赏自己的每一次成功，每一点拥有，我们将不难发现，自己竟会有那么多值得别人羡慕的地方，幸福之神已在向我们频频招手。幸福就是现在！

3. 拿自己的今天比昨天

有个人见到朋友把家里装修得非常豪华，觉得自己也不能落下，尽管他的财力无法与朋友相比，装修后全家靠借债度日，但是满足了他“不能比别人差”的攀比心理，哪怕自家不吃鱼，不吃肉，生活过得清苦些，也觉得有面子，心里很舒服。这种攀比心理在生活中是屡见不鲜的。

攀比的游戏近乎是一种本能。人们习惯于与周围的每个人比较，因为自己拥有一些别人没有的东西而沾沾自喜，但也为了提醒自己别人是否拥有我们没有的东西——迷人的气质，苗条的身材，乐观的心态，勤劳的习惯，等等。我们对生活抱有太多幻想，这导致了一个错误的印象：当你还在不懈地奋斗时，别人已经拥有了自己的事业，住着别墅，开着跑车。难道这时你还有脚踏实地奋斗的耐心吗?

强烈的嫉妒会破坏我们享受生活的心情。看看别人，比比自己，生活往往就在这比来比去中，比出了怨恨，比出了愁闷，比掉了自己本应拥有的一份好心情。

曾有一位年过七旬的老人，在参加战友聚会回来之后，因脑溢血住进了医院，多亏抢救及时才保住生命。原来，他在聚会时得知战友们现在的生活情况要比自己好许多，他们中，留在部队的，有的到了正军级，当上了将军，最普通的也是师级干部；转业从政的，有的成了厅局长，有的是县处级；复员转业后经商的，更是让人刮目相看，个个财大气粗，穿着名牌，住着别墅，开着宝马……老人想到自己转业后只当了个小工厂的车间主任，而且单位效益不好，退休后养老金也不多，加上老伴看病、儿子下岗，全家日子过得紧巴巴的。和人家一比，再想想自己，他越比越生气，一着急差点送了命。

细细探究起来，倘若心态不平，生活中可攀比的东西实在太多了。孩子、房子、票子、位子等等，哪一项不是攀比的对象？而攀比的结果往往是郁郁寡欢，心气不顺，健康失调，失去本真。更有甚者，竟铤而走险，走上不归路。

生命是一个由起点到终点，短暂而漫长的过程，在这个过程中，每个人所拥有和承受的喜怒哀乐、爱恨情仇都是一样的。这既是自然赋予生命的规律，也是生活赋予人生的规律，只不过我们享用、消受的方式不同，这不同的方式便演绎出了不同的人生。于是，有的人先苦后甜；有的人先甜后苦；有的人大喜大悲，有起有落；有的人安顺平和，无惊无险；有的人家庭不和，但官运亨通；有的人夫妻恩爱，却事业受挫；有的人财路兴旺，但人气不盛；有的人俊美娇艳，却才疏德浅；有的人智慧超群，但相貌欠佳。

只是，日常生活中无论是别人展示的还是我们关注的，总是风光的、得意的一面，这就像女人的脸，出门的时候个个都描眉画眼，涂脂抹粉，光鲜亮丽，这全都是给别人看的。回到家后，一个个素面朝天，这就难怪男人感叹："老婆还是别人的好。"于是，站在城里，向往城外，而一旦走出围城，就会发现生活其实都是一样的。

所以，我们要懂得欣赏自己的生活，让自己活得随心所欲，如果能改变什么让自己感到愉快，那就做一些改变。不过，如果改变以后会让自己不愉快的话，那就不要盲目去做。同时，假如你已经知道改变以后会很好，但自己却无力改变，那也不要勉强，欣赏自己所拥有的一切，忽略不足之处，毕竟上帝将我们创造成不同肤色、不同性格的人，就是为了让生活更加多姿多彩。

当你学会欣赏自己的每一次成功，每一份拥有，你就不难发现，自己竟会有那么多值得别人羡慕的地方，幸福之神已在向你频频招手。

4. 盲目的攀比会让人迷失自己

有一幅名为《知足常乐》的画，上面题有这样四句话：“路上行人纷纷说不齐，他骑骏马我骑驴。回头望望推车汉，比上不足比下有余。”人与人之间的差异是永远存在的。在攀比的过程中，有人得到的不过是一点可怜的优越感、满足感，而且这种建立在攀比之上的所谓“幸福感”是短暂而脆弱的。一个人如果总是生活在嫉妒与攀比中，很容易迷失自己，让本有的幸福与自己擦肩而过。

出身寒门的杨丽考上了一所名牌大学的经济管理系。刚进大学时，杨丽一心想用优异的成绩来报答父母。她知道家里生活困窘，父母为了她上学整日操心劳累，于是终日埋头学习，一个学期下来成了全系几百名同学中的佼佼者，还获得了一笔奖学金。不过，在那些时髦、阔气的同学面前，穿着简朴的她也常常自惭形秽。同宿舍有个叫李杰的女孩，思想前卫、开放，晚上经常很晚才回来，周末还在外留宿，每次回来总会带许多零食给大家。但是同学们都很鄙视她。李杰常常对杨丽说，你这么漂亮，应该利用一下多捞点钱。

有一次，李杰对她说：“你需要钱吗？学坏呀！你没听说女人一变坏就有钱吗？其实女孩子挣钱很容易，傍大款，既潇潇洒洒地享受了，又没耽误挣钱。”这些话听起来非常刺耳，但杨丽知道李杰没有开玩笑，心里也有点想尝试一下。

这一年暑假，杨丽没有回家，而是通过李杰的介绍到一家歌舞厅打工。她从客人们的眼神中真正体会到了漂亮女孩的价值，不费吹灰之力，钱就挣到手了。在金钱面前，所谓的廉耻和贞操显得苍白无力、不堪一击。她越陷越深，逐步开始“出卖”自己，利用自己的身体从一个50多岁的老头那里挣了一大笔钱。

从此以后，杨丽也开始穿名牌、拿手机，虚荣心得到了极大的满足。

后来，杨丽在一家夜总会结识了朱森。他是某洁具厂的副厂长，负责销售。这位年近40岁、个子不高、相貌平平的男子出手大方，平常两人俨然是一对热恋中的情人，出双入对，形影不离。

有一次，朱森因为股票被套牢，资金周转困难，找杨丽借2万元。她没有任何犹豫就把钱给他了，也没有让他写借条。不久，朱森的妻子带着8岁的孩子来了。这对整天梦想着和朱森结婚过踏实日子的杨丽来说如五雷轰顶。

这时，朱森也露出了他的真面目，对杨丽说：“我就是为了玩玩，你不必当真。”杨丽没办法，转而要求他归还2万元。但这个道貌岸然的家伙居然不知廉耻地说：“钱？谁能证明我向你借钱了？”杨丽万般无奈，只好找到在夜总会认识的自称是黑道老大的何鸣帮忙。何鸣是个彻头彻尾的恶棍，听了以后，答应替她出这口恶气。于是，两人密谋了绑架勒索朱森的计划。

2002年3月16日晚上，杨丽再次色诱朱森出来过夜，然后在饭店的洗手间里给何鸣打了电话。20分钟后，何鸣带着3个小流氓破门而入，勒索了朱森3万元。但杨丽为此也付出了惨重的代价。3个月后，杨丽因卖淫和涉嫌敲诈勒索被拘捕了。

杨丽因为与人盲目攀比而自甘堕落，直至落入法网，一个正值青春妙龄的女大学生，就因为贪图虚荣，毁掉了自己的一生。

由上可知，对我们来说，最重要的是以平和的心态为自己定好位，这样才能踏实走好我们的人生之路。命运赐予我们欢乐和机遇，同时也给予我们缺憾与苦难。对此我们没有必要怨天尤人，畏缩自卑。保持一颗平常心，坦然面对人生中的苦和乐，珍惜自己所拥有的生活并享受它，不要与人攀比，豁达、宽容地对待生活，就会远离许多无奈与烦恼，多一些欢乐与阳光！

有一句格言说得好："如果你仅仅想获得幸福，那很容易就能实现；但是，如果你希望比别人更幸福，那将永远都难以实现。"这句话正道出了现实生活中许多烦恼的根源。享受真正属于你的幸福生活吧！

5. 计较能力比计较薪酬更重要

很多人都对自己抱有很高的期望，认为自己在工作中应该得到重用，并得到丰厚的报酬。他们喜欢在工资上相互攀比，似乎工资成了衡量一切的标准。于是我们常常会听到如下怨言：

“老板太抠门了，只给我开这么点工资，公司一年赚那么多钱，全是他一个人的。还有那位做‘官’的经理，干的活也不比我多多少啊，可他的薪水却比我高出一大块，他拿的多，就该干的多嘛。我只要对得起这份薪水就行了，多一点我都不干。”

也许是耳闻目睹他人被老板无情解雇的事实，现在很多人往往把社会看得比上一代人更冷酷、更严峻，因而也更加现实。

经常有人谈论“家庭主义”，也就是不愿为工作而牺牲自己的家庭，将私生活放在第一位。比如为了赶工作进度必须加班，他却推说家里有事匆匆离去；但是，如果急需一笔款项负担家庭支出，他又会主动要求加班。家庭当然是不可取代的，但是不愿意为工作付出太多的态度，却会影响整个团队的士气。

成功学大师拿破仑·希尔曾经说过，提供超出你所得酬劳的服务，很快酬劳就将超出你所提供的服务。一个人如果总是为自己到底能拿多少工资而大伤脑筋的话，是看不到工资背后的成长机会的。当然他也不会重视自己从工作中获得的技能和经验。事实上，决定他未来发展的恰恰是这些技能和经验，而不是现在他可以拿到多少薪水。

励志电影《为人师表》的演员之一爱德华·奥尔莫斯应邀参加大学生的毕业典礼时，曾满怀激情地对大学生说："在大家离开前，我有一件事要提醒各位，记住千万不要为了钱而工作，不要只是找一份差事。我所说的'差事'是指为了赚钱而做的事情，在座各位当中，许多人在校期间就已经做过各式各样的差事，但工作是不一样的。你对工作应该有非做不可的使命感，并且要乐在其中，甚至在酬劳仅够温饱的情况下，你也无怨无悔。你投入这项工作，因为它是你的生命。"

"追求热爱的事业，而非一份可以挣钱的工作。"这句简单的名言可以加深你对工作的认识，像老板一样看待自己的工作。

如果我们把一个人的人生分为两个阶段，那么，前一阶段是用金钱买智慧，后一阶段是用智慧换取金钱。工欲善其事，必先利其器。我们应该珍惜工作本身带给自己的报酬。譬如，艰难的任务能锻炼我们的意志，新的工作能拓展我们的才能，与同事的合作能培养我们的人格，与客户的交流能训练我们的品性。公司是我们成长中的另一所学校，工作能够丰富我们的经验，增长我们的智慧。与在工作中获得的技能和经验相比，微薄的薪水就显得不那么重要了。公司支付给你的是金钱，工作赋予你的则是令你终生受益的能力。

某公司有一位员工已经工作 10 年了，薪水却不见上涨。有一天，他终于按捺不住内心的不平，当面向老板诉苦。老板说："你虽然在公司待了 10 年，但你的工作经验却不到 1 年，能力也只是新手的水平。"这个可怜的员工在最宝贵的 10 年中，除了得到 10 年的新员工工资外，别无所获。

事实上，在当今这个日益开放的年代，这名员工能忍受 10 年的低薪和持续的内心郁闷而没有跳槽到其他公司，足以说明他的能力没有得到其他公司的认可，换句话说，现任老板对他的评价基本上是客观的。

这就是只为薪水而工作的结果！

在一个人的事业发展过程中，能力比金钱重要万倍。一个人若只从工作中获得薪水，而其他一无所得，无疑是很可怜的。

首先，工作的目的和回报并不是为了薪水。对于立志自己创业的人来说，他们更加注重经验的积累与社会关系的交往，他们知道金钱最终会有的，因此，他们不想千方百计地从雇主身上获取一些小钱，而是更关注未来属于自己的大钱。

一位纽约的百万富翁在回顾自己的成功历程时说，当年，他在一家百货公司的薪水最初只有每周七美元零五十美分，后来一下子就涨到了每年一万美元，中间竟然没有任何的过渡，没过多久，他还成为了这家百货公司的合伙人。

刚去公司的时候，他和公司签订了5年的工作合约，约定5年内薪水保持不变。但他暗下决心，绝不满足于每周七美元零五十美分的低微薪水，绝不能就此不思进取，他一定要让老板知道，他绝不比公司中的任何一个人逊色，他是最优秀的人。

他的工作质量很快引起了周围人的注意。3年之后，他已经如鱼得水、游刃有余，以至于另一家公司愿意以3000美元的年薪，聘用他为海外采购员。但他并没有向老板提及此事，在5年的约定期限结束之前，他甚至从未暗示过要终止工作协定，尽管那只是一个口头的约定。也许有人会说，不接受如此优厚的条件，他实在是太愚蠢了。但是，在5年的合同到期之后，他所在的公司给予了他每年10000美元的高薪，后来他还成为了该公司的合伙人。

其次，作为一个社会人，人人都需要工作。工作给予我们的回报绝不仅仅是升迁和加薪，就如同参与体育比赛的目标不只是金牌与奖金一样，你是否从中得到了锻炼、乐趣与享受，是否在与人交往中感受到了快乐，是否给自己创造了更多的机会？如果你单纯为了薪水而工作，将来就有可能会为自己狭隘的眼光付出代价，因为人的价值会随着时间的流逝渐渐丧失，在不远的将来你还会连这个工作也丢掉。

不要计较目前的薪水，把眼光放得长远一些吧！只要你满腔热忱地全心投入，为了追求自我价值的实现，创造价值和服务社会而工作，那么，你就会像那些取得卓越成就的顶级富豪一样，创造出崭新的局面，而你每天工作的时候自然也会感到充实快乐。

6. 不争，则无人可与之争

生活中最纷扰的一个字是争。这个世界的吵闹、喧嚣、摩擦、嫌怨、钩心斗角、尔虞我诈，都是争的结果。明里争、暗地争，大利益争、小便宜争，昨天争、今天争，你也争、我也争，鸡飞狗跳，人仰马翻，争到最后，原本阔大渺远的尘世，也只容得下一颗自私的心了。

其实，生活中可以有无数个不争的理由。心胸开阔一些，争不起来；得失看轻一些，争不起来；目标降低一些，争不起来；功利心稍淡一些，争不起来；为别人考虑略多一些，争不起来……但为名为利，每个人都像一头伏在草丛深处的狮子，按捺不住。

权钱争到手了，幸福不见了；名声争到手了，快乐不见了；非分的东西争到手了，心安不见了。也就是说，你绞尽脑汁，处心积虑，甚至你死我活争到手的，不是快乐，不是幸福，不是心安，而是烦恼、痛苦、仇怨，以及疲倦至极的身心。

争是因为有多余，或有亏损，非自然状态，也非自然品性。要想保持自然而和谐的品性，就需要不争。因此，不争是寡欲，不争是耐得住寂寞，不争是为而不争、适可而止。

严子陵本是东汉开国皇帝刘秀的同窗，老同学登基端坐龙椅，他却更名换姓，果断地隐居到富春江上做了个渔夫，整日徜徉于青山碧水间，与烟霞云霭为伴，过着闲云野鹤的悠闲日子。

刘秀复国，百废待兴，正是招才纳贤，急需治国栋梁之际，昔日同窗却做了世外人，袖手旁观。

刘秀急得几次下诏，召严子陵回朝做官。但严子陵却固执拒绝，无论如何也不肯出山，并遣人回复说，他其实才疏学浅，能到朝廷做官，完全是靠跟皇上的同窗之谊，这样做会滋长朝廷中任人唯亲、结党营私的坏风气，滋生恶果。

刘秀深悟他的良苦用心，大为感动的同时也深受启发，展开了一系列大刀阔斧的改革，制订并完善了招纳人才的相关制度。官场上的腐败之风因此大为收敛。

在以不可侵犯的皇权为绝对中心的权力旋涡中，作为臣民似乎只有屈从或疏离两种选择。严子陵态度明确，采取了与皇权不合作的态度，我们从他身上看到的是智者所表现出的淡泊与坚持。

严子陵后半生安于做个隐士，青史却情有独钟地给他烙上了一个高尚名士的风雅名号。他追求随心所欲、默默无闻，反而使自己青史留名。

英国诗人兰德有一首诗是这样写的：我和谁都不争，和谁争我都不屑；我爱大自然，其次就是艺术；我双手烤着生命之火取暖，火萎了，我也准备走了。不争，则无人可与之争，乃人生至境。

三国时的曹丕就是深谙此术并获得成功的人。

曹丕是曹操的长子，理所当然被立为了太子，但他的弟弟曹植更有才华，文名满天下，很受曹操器重。曹操因此产生了换太子的念头。

曹丕得知消息后十分恐慌，忙向他的贴身大臣贾诩讨教。贾诩说："愿您有德性和度量，像个寒士一样做事，兢兢业业，不要违背做儿子的礼数，这样就可以了。"曹丕深以为然。

有一次，曹操亲征，曹植又在高声朗诵自己所作的歌功颂德的文章来讨父亲欢心，并显示自己的才能。曹丕却伏地而泣，跪拜不起，一句话也说不出来。

曹操问他什么原因，曹丕哽咽着说："父王年事已高，还要挂帅亲征，作为儿子心里既担忧又难过，所以说不出话来。"一言既出，满朝肃然，都为太子如此仁孝而感动。相反，大家觉得曹植只知道为自己扬名，未免华而不实，有悖人子孝道，作为一国之君恐怕难以胜任，毕竟写文章不能代替道德和治国才能。于是，太子还是原来的太子。曹操死后，曹丕顺理成章地登上魏国皇帝的宝位。

其实，曹丕刚开始是极不甘心自己的太子之位被弟弟夺走的，他想拼死一争，但又知道自己的才华远在曹植之下，胜算极低，一时竟束手无策。但他毕竟是个聪明人，经贾诩的点化，脑瓜顿时开窍：争是不争，不争是争。与其争不赢，不如不争，只需恪守太子的本分，让对方一个人尽情去表演吧，公道自在人心！最后，这场兄弟夺嫡之争，以不争者胜利而告终。

7. 争未必得，让未必失

“忍一时风平浪静，退一步海阔天空。”生活中不如意的事情有很多，但无论是谁，终究还是期盼心灵的宁静，愿意以一步的后退换取辽阔的天空。“忍”作为生活中的大智慧，不仅可以快速有效地解决日常生活中产生的矛盾，也是酝酿一切大谋略、造就大英雄的必备条件，同时还能够促进自身修养和性格品德的提升。

生活中，人人都想得到他人的方便，但在利益发生冲突时，谁会没有一点私利之心呢？谁会心甘情愿地让路给你？谁会将原本可以到手的利益拱手相让？

常言道：人不为己，天诛地灭！人都是有私心的，这原属正常，君子也会固本。但是，这并不是说我们非要与人争夺，分毫必争，毫不相让！因为争、夺、抢只会把人与人之间的关系搞得更加僵硬，对事情没有任何好处，利益也不会在争抢之中变大，从这个角度来说，争抢没有意义，选择忍让反倒是一个明智的选择。

两个开车人在一条狭窄的车道相遇，如果双方都不选择退让，都想尽快通过，结果肯定是谁都过不去。这样做不仅于事无补，而且还会使两个原本没有矛盾的人起冲突，甚至怒目相向，大打出手。

相信这绝对不是我们想要的结果。有句话说得非常有理：逢桥须下马，过渡莫争船。人生在世，要处处学会忍让，让则事事通畅，一顺百顺；争则事事阻挡，处处受困。但是，很多人都不懂得这个道理，处处争强好胜，最后不仅伤害了别人，自己也没有得到什么好处。

很多时候，退让并不是懦弱与无能，而是一个人内心强大与人格魅力的完整体现。同时，暂时的忍让可以给自己一个缓冲的机会，让自己可以蓄势，为待发储存能量。

唐朝某位重臣的弟弟很有才能，非常受武则天的赏识，同时也招来了很多官员的嫉妒。在弟弟外放做官的时候，长兄嘱咐弟弟说："你现在得到陛下的赏识，已经有很多人在陛下的面前诋毁你，所以你这次在外做官一定要事事忍让，处处小心。"

弟弟回答说："就算别人把唾沫吐在我的脸上，我自己擦掉就可以了。"

长兄用赞许的口吻说："这样还不够，你擦掉就是违背别人的意愿，你要能让别人消除怒气，就应该让唾沫在脸上自己干掉。"

弟弟把这一切都牢记于心，并一直秉承这样的处世态度，因此，他到外地为官之后，一直平平安安，再也没有遭到诋毁和陷害。

遭人唾脸而能不气、不恼、着实令人敬佩。这不仅需要足够的涵养，还需要足够的气量，但可以肯定的是，面对这样的一个人，谁还会跟他过不去呢？

虽然说做人应该坚守自己内心的原则，但是我们不能固守这种原则而不知变通，做人应该灵活处事，该忍让时就忍让，该退步时就退步。忍让并不是妥协，也不是软弱，更不是任人欺凌，而是一种智慧、一种策略。懂得忍让才更容易获得双赢，以最小的代价获得人际关系利益的最大化。

极力争，未必得；极力让，未必失。海面风平浪静，船只才能安全行驶。同样，与人相处适当忍让，我们才能走得更远更稳。

8. 得理且饶人

中国有句老话叫做："有理也要让三分，得饶人处且饶人。""得理且饶人"这五个字，说起来容易，做起来却很难。有人说："不讲理是做人的缺点，硬讲理就是做人的盲点。"这无疑是说，有理是做事的原则，但是，如果过分夸大理的说教作用，就很容易变成一个"不讲理"的话痨。

人与人相处总会有磕磕绊绊，不一定凡事都要争个高低、辩个黑白。大多数时候，因为立场不同、观点不同、目的不同，人与人之间的分歧在所难免，且难分对错。如果一定要在一些无关痛痒的问题上纠缠不休，或者一争高下，无疑是一种愚蠢的做法，不仅不利于问题的解决，反而会使人际关系恶化，无形中为自己树敌。

《菜根谭》中有这样一句话："路径窄处，留一步与人行；滋味浓时，减三分让人食，此是涉世的一种手法。"这也告诉我们，遇事不要争强好胜，必要时要以退为进，以忍克刚。给对方一个台阶，往往就是在给自己日后留方便。

一位高僧受邀参加素宴，席间发现在满桌精致的素食中，有一盘菜里竟然有一块猪肉。高僧的随从徒弟故意用筷子把肉翻出来，打算让主人看到，没想到高僧立刻用筷子把肉掩盖起来。过了一会儿，徒弟又把猪肉翻出来。高僧再度把肉遮盖起来，并在徒弟的耳畔轻声说："如果你再把肉翻出来，我就把它吃掉！"徒弟听了，再也不敢把肉翻出来了。

宴后，高僧辞别了主人。归途中，徒弟不解地问道："师傅，刚才那厨子明明知道我们不吃荤的，为什么要把猪肉放到素菜中？徒弟只是想让主人知道，处罚处罚他。”

高僧说：“每个人都会犯错误，无论是有心还是无心。如果让主人看到了菜中的猪肉，盛怒之下他很有可能当众处罚厨师，甚至把厨师辞退，这都不是我愿意看见的，所以我宁愿把肉吃下去。”

为人处世固然要“得理”，但绝对不可以“不饶人”。留一点余地给得罪自己的人，不但不会吃亏，反而会有意想不到的惊喜和感动。每个人的价值观和生活背景都不同，因此，生活中出现分歧在所难免。大部分人一旦身陷斗争的旋涡，便会不由自主地焦躁起来，一方面为了面子，一方面为了利益，因此一得了“理”便不饶人，非逼得对方鸣金收兵或投降不可。然而，“得理不饶人”虽然让你吹响了胜利的号角，但这也成了下一次争斗的前奏。因为对方虽然“战败”了，但为了面子或利益他自然也要“讨”回来。

所以，无论遇到什么情形，我们一定要学会礼让，控制好自己的情绪。得理不饶人，很容易将彼此之间的路堵死，不但会激起对方的反击，也容易伤害到自己。纵使对方无礼，倘若我们以宽容的心态给对方一个台阶，给对方留点尊严和立足之地，对方一定会心存感激，我们自己也将受益无穷。

人际交往的基本准则是理解和宽容。与人交往就像山谷的回音，你发出什么声音，反馈的也是什么声音。宽容别人，是化解矛盾的最有效方法。

“水至清则无鱼，人至察则无徒。”为人处世过于苛刻，人们就会对你敬而远之。宽容别人，并非和事佬的做法，而是一种生存智慧。容得别人才能真正容得自己，而容得自己才能真正体会到什么是人生幸福。

9. 苛求他人无疑在孤立自己

苛求，简而言之就是过严地要求。心理学家指出，无休止地抱怨，或者向他人施加压力等行为，无疑是在对他人的精神施暴。每个人的承受能力都是有限的，一旦压力超出了承受的限度，大部分人都会予以反抗。

谁都不希望被人苛求，面对同样的问题，温和而理智的解决方式反而会收到更好的效果。苛求对方，只会让对方产生抵触情绪，从而使自己陷入让人“敬而远之”的境地，甚至造成难以挽回的巨大损失。

一位青年慈善家向一位得道高僧请教：“我想让自己成为一个自己愉快也可以让别人感到愉快的人，应该怎么做呢?”

高僧笑着说：“孩子，你这么年轻就有这样的愿望是很难得的。许多比你年长的人，从他们提出的问题本身就可以看出，他们永远也不明白什么才是真正重要的。”

青年慈善家认真而虔诚地听着，脸上丝毫没有得意的神色。

高僧接着说：“我送给你四句话。”

高僧的第一句话是：“把自己当成别人。你能说说你对这句话的理解吗?”

青年慈善家说：“我是这样理解的，在我感到痛苦的时候，就把自己当成别人，这样痛苦就会减轻；而当我兴奋时，把自己当成别人，那么狂喜也会变得平和。”

高僧点头表示赞许，接着又说了第二句话：“把别人当成自己。”

青年慈善家沉思了一会儿，说：“这样就可以设身处地地真正同情别人的痛苦，理解他人的需求，并且在别人需要帮助的时候，给予恰当的帮助。”

高僧两眼发出了欣喜的光芒，接着又说了第三句话：“把别人当成别人。”

青年慈善家说：“这句话是不是告诉我们，要充分尊重每个人的独立性，在任何情形下，都不要侵犯他人的隐私？”

高僧哈哈大笑：“很不错。这点是人们最容易忽略的。因为人们总是希望去改变他人，希望他人可以与自己的要求相符，结果在无意中伤害了他人……”

高僧说的第四句话是：“把自己当成自己。这句话理解起来有些困难，日后你慢慢体会吧。”

青年慈善家说：“这句话的意思我一时还无法理解，但是这四句话本身就有相互矛盾之处，我该如何将它们统一起来呢？”

高僧说：“很简单，用一辈子的时间和精力。”

故事里高僧的四句话道出了人与人之间相处的艺术，也是人生的大智慧。每个人都有个体差异，所以摩擦和纠纷就不可避免，这是很正常的。如果我们可以遇事不斤斤计较，不去苛求他人，多设身处地地为他人着想，就可以避免很多矛盾。

著名的寓言诗人拉封丹说过：爱挑剔的人总是得不到满足，永远也不会幸福。心理学也认为，对别人越苛求的人，实际上越表现出自己的内心不够强大，自我认同感不足。他把自己内心不满足的东西投射到外面，去苛求别人达到一定的要求。同时，苛求别人也是一种不尊重他人的表现。所以，如果我们对他人不够尊重，自然会导致自己也无法得到尊重，久而久之，就会让自己陷入孤立的境地。

肯尼斯·库第在他的著作《如何使人变得高贵》中说：“暂停一分钟，把你对自己事情的高度关注，与你对其他事情的漠然，相互做个比较。那么，你就会发现，世界上其他人也抱着同样的态度！这就是，如果想和他人相处，成功与否关键在于你是否能以同情的心态，理解别人的观点。”

所以，从现在开始，让我们打开心扉，让宽容进驻心房。与人相处时，不要较真和苛求，培养一种弹性的态度、存异的胸怀，不以自己的思想去臆断人，也不以自己的好恶去要求人，更不以自己的意志去强加于人。

10. 该低头时便低头

一个人要想立足于世间，过得平安顺利，在强到可以创造自己的“天空”之前，就得常常低头，善于放下自己的身段，才能避免他人的嫉妒，与人和平相处。

据说，富兰克林年轻的时候去拜访过一位老前辈。当他昂首挺胸地进门时，一不留神头重重地撞到了门楣上。老前辈看着捂着头、正疼痛不已的富兰克林，意味深长地说：“年轻人，该低头处且低头，要不然，很容易弄得头破血流。”从此，富兰克林将这句话作为自己的座右铭。

在人生的道路上，低头是一种智慧，一种境界。低头做人，可以让自己站得更稳，更容易被他人接受。

这是一座宁静美丽的江南小城。小城的西北角有一所大学，校园里繁花盛开，小径回廊，美丽而安宁。一条清粼粼的小河，从校园中穿过，把校园一分为二。每天早晨，总有一位鹤发童颜的老人沿着小河慢跑，从东向西，再从小河的另一边跑回来。无论寒暑，他从不中断。

这位老人姓赵，是中文系的教授，平和朴实，总是温和地微笑着。可是，不少学生对这位教授的印象并不好，因为这位教授历史上有污点。据说，“文革”时，有一次，一个造反派把一大碗剩菜扣在他的脑门上。他呢，只是呵呵笑着，一点也不愤怒，反而把溅到造反派身上的一片菜叶子拿掉了。造反派不由得没了脾气，嘴里骂了几句，转身离去。

经过学生们一届一届地口口相传，教授没有骨气的“坏名声”就在校园中传开了。

一次上课时，一位男生迟到了，教授淡淡地批评了他几句。这位男生怀恨在心，回到座位上不久，就举手说有问题请教。“我认为，人活着就要抬头挺胸，而低头垂尾是可耻的！教授，您以为如何?”男生一边说，一边用挑衅的目光盯着教授。话未说完，教室里已是一片窃笑声。

等大家不笑了，教授才平静地说：“如果抬头是在看云怡情，低头是在看路防跌，又何谓抬头低头呢?”

学生们听了，默然无语。教授清了清嗓子，继续说：“大家一定听说过我的故事，可是，你们知道吗？当年我们这所学院里，和我一同被打为反革命的有7名教授。一年后，死了6个。只有我，活到了现在。”

教室里，一阵短暂的沉默之后，爆发出雷鸣般的掌声。那个男生涨红着脸站了起来：“教授，我错了。”教授轻轻摆了摆手，示意他坐下。

阳光温暖而洁净，透过窗户斜射进来。教授又开始讲课了，他的声音平和而有力量，仿佛一条大河在大地上缓慢却沉稳地流淌。课堂里，是学生们专注而感动的一张张面庞。

是的，一个人，只要内心有所坚守，抬头或低头不过是无足轻重的外在形式。抬头时，便看云；低头时，便看路。淡泊宁静，自然从容，这才是人生的大智慧。

在现实生活中，有时低一下头，吃点小亏反而能占大便宜，所以“好汉要吃眼前亏”。中国人向来提倡“以忍为上”、“吃亏是福”，这是一种玄妙的处世哲学。

11. 看淡人生得失

人，因无而有，因有而失，因失而痛，因痛而苦。人总是从无到有就欢欣，从有到无则悲苦。其实，“有”有何欢？一切拥有都以失去为代价。“无”有何苦？人生本来一场空。有无之间的更替便是人生，得失之后的心态决定苦乐。缘来不拒，境去不留，看淡了得失，才有闲心品尝幸福。

老王人称棋迷，他最大的乐趣就是和别人下棋。有一次在闲聊中，他说自己在20岁的时候下棋的技术就很不错了，经常参加县里或市里的比赛。他为此很是得意，就连以前教过他的老师都不放在眼里了。

他过生日那天，请了很多人一起庆祝，其中包括他的女友和教他下棋的老师。宴席过后，他如同以前一样要跟老师赛一盘棋。老师提出一个要求，每局都要用一样物品做赌注。第一局用100元做赌注，第二局赌老王最心爱的车子，第三局赌老王女友送他的生日礼物。老王痛快地答应了。第一局他轻松地赢了。第二局的时候，老师郑重地警告他说：“不要太骄傲，如果输了，车就要不回去了。”老王自然知道车子在自己心目中的位置，于是很用心地跟老师过起招来。让他感到意外的是，他居然输了。第三局开始的时候，老师又对他说，如果他赢了，不仅可以保留女友送他的礼物，还可以把车子也拿回去。于是，他更用心了，把全部精神都放在棋盘上。但是，最后他又输了。

他无论如何也想不通，平时自己轻松就可以赢得的胜利，怎么会如此大失水准一败再败？老师最终当然没有要他的车子和他女友的礼物，只是在临行前送给这个弟子5个字：“外重者内拙。”老王从这5个字明白了自己失败的原因，正因为他太过在意车子和女友送他的礼物，思想上有了羁绊，过度用力和意念过于集中，因而将平素可以轻松完成的事情搞砸了。

确实，越是急于完成什么，越是在意得失，巨大的压力和恐惧就会束缚我们的手脚，使我们离目标越来越远。所以，有时不妨把眼光放得远一些，得失放得开一些，名利看得轻一些，让生命中充满淡泊的恬适和达观的从容，就一定能“水穷之处待云起，危崖旁侧觅坦途”。

1914年12月9日晚上，屋外刮着大风，爱迪生的影片试验室突然燃起了一场意外的大火，加上各种化学药品作为助燃剂，火势越烧越猛，一发不可收拾。

当爱迪生闻讯驱车赶到时，这里已是茫茫一片火海。面对混乱的场面，他十分镇静，迅速地了解火情和受损情况，并关心地询问职员有无伤亡，然后果断地指挥人们救火，抢救各种实验设备、器材和生产材料。

在这场火灾中，爱迪生蒙受了重大损失，据估算，损失大约有三四百万美元。厂房和机器的投资，尤其是他制造的一些机器并没有被人们购买。他的“发明工厂”只投了23.8万美元的保单，因为它是混凝土建筑，被认为是防火材料。

在大火最凶的时候，爱迪生的儿子查里斯在浓烟和废墟中发疯似的寻找他的父亲。当年老的爱迪生看到儿子向自己走来的时候，他只是微微地笑着说：“查里斯，你快去把你母亲找来，她这辈子恐怕再也见不着这样的场面了。”

他的夫人米娜来到现场后，难过得几乎要哭出来。她伤心地说：“多少年的心血被一场大火烧了个精光。如今年老力衰，要重修这座实验室，可不容易啊！”爱迪生反倒安慰她说：“不要紧，别看我已经67岁了，可是我并不老。上帝真厉害，知道我理不清头绪，让这一切都回到了原处，让我重新开始新的研究。从明天早晨起，一切都将重新开始，我相信没有一个人会老得不能重新开始工作的。”

第二天早晨，爱迪生穿过烧焦的灰烬，这是他所有的希望和梦想。他告诉家人：“灾难中有宝贵的财富，我们应该感谢上帝，这下我们又可以重新开始了。”

他立刻信心满满地投入到实验和研究中，好像没有发生这场灾难似的，甚至比以往更加勤奋。火灾后短短几个月，爱迪生便着手推出了他的留声机。

漫漫人生路，值得我们追求的东西实在太多了。得失不过是一种心境，想开了，看淡了，结果也就不那么重要了。如爱迪生那样，对得失淡然视之，是我们应有的感恩心态，因为失去的永远不会再回来，得到的也不可能永远拥有，轻松快乐地生活，努力为未来的事业奋斗，才是人生的真谛。

对有的人、有的事，无需太过执着，试着放手，人生将因此而不同。“世事如棋局，不执着才是高手；人生似瓦盆，打破了方见真空。”人生没有完美，幸福没有满分，当执着成为负累，放手就是解脱。

真正成功的人生，不在于成就的大小，而在于是否努力去实现自我，喊出自己的声音，走出属于自己的道路。只要你努力过、付出过，无论结果如何，你都将无愧于自己的人生。

第六章　放下完美，化缺憾为进取的动力

月儿无法永圆不缺是缺陷，花开无法永开不败是缺陷，天空不能永保湛蓝亦是遗憾。我们生活在一个充满完美的世界，我们又生活在一个充满缺憾的空间，每个人都在努力地追求完美，都在极力消除生命中的缺憾。人生正是一个从缺憾到完美的孜孜探求的过程，真正的智者总是能够正确地认识和把握完美与缺憾，让自己的人生多一分完美，少一分缺憾。

1. 有多大的碗，盛多少饭

小草说：“我没有大树那伟岸的身躯，没有鲜花那艳丽的容貌，但是我的绿色一样可以为人们带来好的心情。”

小溪说：“我没有大海的浩瀚，也没有江河的滔滔，但是我也有自己的轨迹，融入海洋，汇入江河，增加大海和江河的磅礴。”

石头说：“虽然我不像黄金一样贵重，也不像水晶一样晶莹剔透，被人们所喜爱，但是我可以成为建起宏伟宫殿的基石。”

人也一样，凡事应量力而行，既不要因自己的普通而懊恼，也不要因盲目自信而得意忘形。找准自己的位置，不断总结得失，才是智慧的做法。

意大利著名画家阿马代奥·莫迪里阿尼曾经说过：“人有两只眼睛，一只用来观察周围的世界，一只用来观察自己。”客观地看待自己，估量自己的能力，是取得成功的前提，也是获得快乐的源泉。

有这样一则寓言，一只狐狸早上起床看着自己在晨曦中的身影，顾影自怜道：“今天的午餐，我想吃掉一头骆驼。”于是整个上午，它都在四处奔波寻找骆驼。然而，当正午毒辣的太阳照在它的头顶时，它看了看自己的身影，又说道：“我觉得有一只老鼠就能填饱肚子了。”

狐狸怎么会在一日之内犯两次截然不同的错误呢？其实，这与它选择的参照物有关。晨起的时候，阳光从地平线上斜照到它的身上，使得它的身影被拉长了，于是它错误地以为自己是万兽之王，没有什么做不了的事情；而中午的太阳几乎是垂直投射下来，使得它的身影缩小了很多，于是它错误地认为自己如同一只小猫一样，又妄自菲薄。

确实，认识自己是件很难的事情，而要正确认识自己，更是难上加难。“人贵有自知之明”，正是古人对自我认识不易而发出的感慨。“知人者智，自知者明；胜人者有力，自胜者强”，人只有正确认识自己，清楚地了解自己的优点、缺点，才能知道自己适合做什么事情，做多大的事情，从而扬长避短，准确定位，避免心浮气躁，好高骛远。

在古希腊帕尔索山上有一块石碑，上面刻有这样一句箴言：“你要认识你自己。”卢梭曾赞誉这一碑铭：“比伦理学家们的一切巨著都更为重要，更为深奥。”只有正确地认识自己，发现自己的优势和不足，我们才能拥有“千磨万击还坚劲，任尔东西南北风”的执着和坚韧；只有正确地认识自己，才能拥有对待生活的坦然和平和；只有正确地认识自己，才能获得面对困难和未来的勇气。

著名的漫画家蔡志忠 15 岁的时候，正读初中二年级。那时他只身带着投漫画稿赚来的 250 元稿费，到台北想闯出一番天地。很快，他就面临学历的问题，正在他准备到凭外制电视节目闻名的光启社求职时，求才广告上“大学相关科系毕业”一项条件让他呆住了，不过他对自己的能力充满了信心，并没有将这条学历上的限制条件放在心上，毅然加入了应征者的行列。结果，他成功击败了一起应聘的 29 名大学毕业生，成为光启社的一员。

后来，他在漫画界的表现令业界人士惊叹不已，尤其是“庄子说”、“老子说”系列，更是被译成多种文字远销世界很多国家和地区，他也因此成为全台湾纳税额最高的一位作家，他本人对此颇为自豪。

那么，在初中文凭都没有拿到的情况下，是什么使他有勇气和信心踏入“以文凭闯天下”的社会呢？对此，他认为，做人最重要的就是要了解自己。有人具备做总统的才干，有人只适合做一名清洁工。假如适合当清洁工的人一味地以做总统为人生目标，得到的只能是挫折和痛苦。对蔡志忠来说，他适合做一个漫画家。他很小的时候就知道自己能画，也喜欢画，所以他从 15 岁就开始画，尽早地画，不停地画，终究画出了自己的锦绣前程。这不禁让人想到巴西的球王“黑珍珠”贝利，他曾经说：“我是天生踢球的，就像贝多芬是天生的音乐家一样。”

英国诗人乔叟说：“自知的人是最聪明的。”没有自知，便无法自胜。所以，我们要通过各种方法了解自己，以找准自己的位置和方向。“不识庐山真面目，只缘身在此山中”，认识自己，就要学会跳出个人的绝对视角，以旁观者的眼光分析和审视自己，正视自己的成长过程，这同时也是一种和错误失败做斗争的过程，或者是由否定到肯定再到否定的过程，这样我们就能从错误中吸取教训，积累经验，从而完善自身。也只有这样，我们才能看清自己，接纳自己，重塑自己，从而实现理想的自己。

2. 向不完美的生活致敬

现实中，许多人对自己的人生和生活感到无奈，想得到的得不到，想避开的却躲不开，日子过得极为无趣无味。想法与现实相差甚远，总是与成功失之交臂，颇感生活的艰辛与无奈，抱怨人生的不完美。

那么，是什么原因让人感到不完美呢？是期望值过高引来的失落，还是功名利禄不符合自己的设想？往往在我们思索、体验生活中感悟到一些生活哲理时，生命的脚步已经急匆匆地走了好多年。

所以，如果我们不能充分认识生活的本来面目，不实事求是地追求完美，而是盲目苛求十全十美，就会弄巧成拙，焦虑沮丧，难以享受生活的快乐。

有个人得到了一颗又大又漂亮的珍珠，美中不足的是，这颗珍珠上有一个小小的黑点。于是，他就用一把小刀试图剜掉那个黑点，但他去掉一层后，黑点仍在。他又向里剜，就这样剜来剜去，当他彻底剜掉那个黑点后，整颗珍珠也毁坏了。

白璧微瑕本来无可厚非，而他却偏要完美，最后黑点是没了，但珍珠也失去了。

生活也是一样，有得必有失，事事不可要求圆满，也不能强求完美。烦恼要过，开心也要过，生活的滋味原本如此。如何对待不完美的生活，选择权就在你自己手中。

1991 年，年轻女子雪莉与丈夫杰克花了 100 美元去买彩票，结果中了大奖。于是，夫妇俩都辞掉了工作，买了奔驰车、钻石戒指，并到各地旅游。后来，雪莉在她父母的住宅附近买了一幢房子，以为今后可以安定地享福了。

谁知杰克因为没有固定的工作变得迷惘起来，原本恩爱的夫妻常常为花钱而发生争执，最后导致关系破裂，于1994年离婚。

在享受过豪华的生活后，雪莉自问："有一房子的古董和一大箱珠宝究竟有什么意义?"思考过这个问题后，她开始节俭生活。她说："这个世界是不完美的。在这个不完美的世界上，我宁可要美满的婚姻而不要钱。"

金钱给雪莉带来了富裕的生活，却也使她失去了美满的婚姻。

圣人老子说："大成若缺。"世间没有终极的完美，完美只是一种相对的概念，存在于人的想象当中。而不完美则普遍存在，它代表着一种缺憾，一种距离，一种客观事实。有了这种缺憾和距离，我们才会不断追求，不断丰富，不断完善，进而攀登新高。

"留白"是国画艺术中很重要的一种手法，完美主义者不妨借鉴"留白"的艺术，让自己明白不过分苛求完美的道理。有了"留白"意识，欣赏者在书画面前才有了天马行空的想象空间，把自己的心情融入画卷，让尘事渐行渐远，心灵在这泼墨山水间纵横驰骋，实现"无墨胜有墨"；有了"留白"，音乐家演奏抑扬顿挫，任听众自去体味，达到"无声胜有声"；有了"留白"，诗人作诗赋词才含蓄讲究，让读者自己去品味，定会言有尽而意无穷。

生活原本如此，总要给人"留白"。每个人都有未实现的愿望，未达成的目标，未做好的事情……正是因为生活的不完美，才有了对完美生活的追求空间。首先，你要强制自己去看现实中丑陋的一面，接受世间丑陋与美好并存的事实；其次，从这些丑陋的事物中找到美好的一面，现状与期望之间的差距需要我们理性地面对、客观地承认、冷静地分析、积极地改变现实，保持美好憧憬。比如，惨痛的"512汶川大地震"就是很好的一剂药，那些坍塌的建筑、受伤的人群、不辞辛劳抢险的军人……表面看来，他们和那些光鲜的美丽是那样格格不入，但你仔细看看他们，会发现坍塌的建筑压不住生的希望，死亡的威胁让他们创造了一个个生存的奇迹。世上所有的事物都是多面的，我们要接受坏的一面，因为它教会我们珍惜好的一面。正是生活中的不完美让我们感到自己真实地存在于这个世界上，因为我们本身也不是完美的，所以才会不懈地努力。

安东尼·罗宾斯告诫我们："当生命的列车呼啸前行的时候，不该有任何的羁绊让它缓速或迫使它停下，唯一能做的，就是不断提供一路前行的能源。"如果没有理想、没有梦想，生命就等于死亡，活着就没有意义；只有时时告诫自己，永远要做一名强者，社会才不会遗忘你，你的名字才会长存于世间。

3. 金无足赤，人无完人

人生就是一盘棋，一旦走错一步就会痛失全局。人生就像弓箭手，即使最强的射手也会有失手的时候，即使最差的射手也有扬眉吐气的一天。生活中，我们都在寻求完美，可完美到底是什么呢?

有一个左腿残疾的人，总是为自己的缺陷而烦恼沮丧，抱怨老天对自己的不公，认定自己这辈子算是完了。后来，一位智者开导他说："世上每个人都如一个苹果，上帝因苹果的芬芳咬上了一口，所以，每个人都会有缺陷。有的人缺陷比较大，是因为有的苹果特别香甜。"他听了很受鼓舞，从此把残疾看做是上帝的特殊钟爱，开始振作起来，向命运挑战。后来，他在残奥会田径赛场上拿了3个世界冠军。

把人生缺陷看成是"被上帝咬过一口的苹果"，这是一种智慧，一种胸怀，也是一种自我的肯定。人生不如意事十之八九，只要我们正视缺憾，勇于面对，不断完善，最终也可以成就自身的价值。

人生原本就是充满缺陷的旅程。天底下并不存在十全十美的完人，但在认识自我、看待别人的具体问题上，许多人仍然习惯于追求完美，求全责备，对自己要求样样都是，对别人百般挑剔。

难道那些伟人、名人真的就那么十全十美、无可挑剔吗？绝非如此。每个人总有其优点和缺点。美国大发明家爱迪生有过1000多项发明，被誉为"发明大王"，但他在晚年却固执地反对交流输电，一味主张直流输电；电影艺术大师卓别林创造了生动而深刻的喜剧形象，但他却极力反对有声电影。

著名的漫画大师丰子恺曾挥手画了一幅《卖羊图》：一个农人牵了两只羊，到羊馆卖给老板。一位农民看了却连连摇头，笑着说："多画了一条绳子。"丰子恺仔细看了看自己的画：两条绳子牵两头羊，哪里多了绳子？这时，农民告诉他：牵头羊只需要一根绳子，不管多少只，只要一条绳子就够了。丰子恺对农夫很佩服。

作为画家的丰子恺绘画水平高超，画笔传神，而一个农夫大字不识却能点评他的大作，令人叹服。其实，农夫只是通过自己在生活中总结的经验，指出丰子恺的错误。这说明，不论身份贵贱，每个人都可以成为别人的老师，丰子恺虽画画无数但生活经验少，不知牵头羊竟有如此奥秘。

由此可见，谁都不可能十全十美，与人类现有的知识、经验、能力的汇集相比，任何伟大的天才都是不及格的。如果一个人只能见人之所短而不能见人之所长，从而刻意挑其短而不是着眼于其长，这样的人本身就是弱者。有些人总是认为只有完美才能实现目标，并形成了一种惯性思维，事实上，大多数时候，我们只有放弃完美，才能树立起自信、自爱、自强的意识，真正地认识和确立自己的价值、选择和追求。

美国著名管理学家彼得·德鲁克在《有效的管理者》一书中写道：倘要所有的人没有短处，其结果最多是形成一个平庸的组织。所谓"样样都是"，必然"一无是处"。才干越高的人，其缺点往往也越明显，有高峰必有深谷。

比如，美国有个著名的发明家洛特纳虽然酗酒成性，但是福特公司仍诚恳邀请他到福特公司工作，最后，洛特纳为福特公司的发展立下了汗马功劳。

任何人都不可能在方方面面表现得同样优秀。术业有专攻，何况是在分工明确的当下。然而，有些人由于不能正视自己的缺点，没有勇气去突破和完善自己，所以，他们宁可不做事、不讲话、不交际，也不愿意在别人面前暴露自己的弱点。在灯光闪闪、乐曲悠悠的舞会上，有的人虽有参与其中的冲动，但又担心别人取笑自己舞技拙劣，于是宁愿当一晚上的看客。有的人虽然舞技不如人，但还是轻松愉悦地参与其中，在别人的带领下，逐渐进入状态，不仅在快乐的氛围里提高了舞技，还结识了不少朋友。

生活中，我们经历的人和事都会有这样或那样的不足，如果我们不抱残守缺，在人生的旅途中漫漫求索，并细细欣赏沿途的风景，便是完整。而这也是生命所能赋予我们的：不求事事如愿，但求问心无愧。

4. 完善最短的“木板”

木桶原理告诉我们，盛水的木桶是由许多块木板拼成的，盛水量也是由这些木板共同决定的。若其中一块木板很短，则此木桶的盛水量就会被短板所限制。这块短板就成了这个木桶盛水量的“限制因素”，这就叫做“短板效应”。

引用美国管理学家彼得提出的木桶定律，可以作进一步的阐述：一只木桶盛水的多少，并不取决于桶壁上最高的那块木块，而取决于桶壁上最短的那块。根据这一核心内容，“木桶理论”还有两个推论：其一，只有桶壁上的所有木板都足够高，木桶才能盛满水；其二，这个木桶的每块木板组合的形状和使用状态也决定了木桶的总容量。

若仅仅作为一个形象化的比喻，“木桶定律”可谓极为巧妙和别致。现在它被应用的场合及范围越来越广泛，基本由一个单纯的比喻上升到了理论的高度。这由许多块木板组成的“木桶”，不仅可以象征一个企业、一个团队，也可以象征某一个人的能量。

我们都知道，若要使此木桶盛水量增加，只有换掉短板或将短板加长。但“短板效应”往往被人们误用。很多人以为自己性格中的短板必须补齐，这种认识是不全面的。当然，弥补不足也是增加个人能量的一条途径，但并不是最快的捷径。捷径是化短为长，使短板变成自身的优势。

有个年轻人因为家贫没有读多少书，后来他去了城里，想找一份工作。可是，他发现城里没人看得起他。

就在他决定离开那座城市时，他给当时很有名的银行家罗斯写了一封信，在信中抱怨了命运对自己的不公。

信寄出去后，他一直在旅馆里等着。几天过去了，他花完了身上的最后一分钱，也将行李打包好了。

这时，房东说有他一封信，是银行家罗斯写来的。信中，罗斯并没有对他的遭遇表示同情，而是给他讲了一个故事：

“在浩瀚的海洋里生活着很多种鱼。鱼鳔产生的浮力，使鱼在静止状态时，可以自由控制身体处在某一水层。此外，鱼鳔还能使腹腔产生足够的空间，保护其内脏器官，以免水压过大，使内脏受损。因此，可以说鱼鳔掌握着鱼的生死存亡。

“可是，有一种鱼却是惊世骇俗的异类，它天生就没有鳔！而且分外神奇的是，它早在恐龙出现前3亿年就已经存在地球上，至今已超过4亿年，它在近一亿年来几乎没有改变。它就是被誉为‘海洋霸主’的鲨鱼！英雄的鲨鱼用自己的王者风范、强者之姿，创造了无鳔同样追波逐浪的神话。

“那么，究竟是什么让鲨鱼可以无鳔在水中，仍然活得游刃有余呢？

“科学家们经过研究，发现鲨鱼因为没有长鳔，一旦停下来，身子就会下沉。所以，它只能依靠肌肉的运动，永不停息地在水中游弋，以保持强健的体魄，并练就了一身非凡的战斗力。”

信的最后，罗斯说，这个城市就是一个浩瀚的海洋，你现在就是一条没有鱼鳔的鱼……

那天晚上，年轻人躺在床上久久不能入睡，一直在想罗斯的信。最后，他改变了主意。

第二天，他对旅馆的老板说，只要给他一碗饭吃，他可以留下来当服务生，一分钱工资都不要。

旅馆老板不相信世上有这么便宜的劳动力，很高兴地留下了他。

10年后，他拥有了令全美国人都羡慕的财富，并且娶了银行家罗斯的女儿，他就是石油大王哈特。

所以，与其为上天的不公仰天长叹，不如做一条奋力游动的鲨鱼，化短为长，去打造属于自己的强者之路，完成自己的人生跨越。

5. 让缺憾成就另一种完美

你是否总在抱怨，抱怨上天的不公、人间的不平？当你总感觉自己十分不幸时，为什么不去看一下比你悲惨 10 倍、20 倍的人？你哭着说自己没有鞋穿，而看到连脚都没有的人时，你还要继续哭泣吗？如果你把眼光一直放在不幸、不公的这一面，恐怕下辈子也不可能得到幸福！

实际上，上帝对每个人都是公平的，它赐给了音乐家才华，就不再赐给他容貌，可是其貌不扬又如何呢？重要的是你能发现自己的价值，绽放出自己的光芒。

有个女孩的梦想是当个歌唱家，她有一副婉转动听的歌喉，但却从不敢在众人面前放开嗓子歌唱，原因很简单：她长着一张难看的阔嘴和一口奇怪的暴牙。

她一直对自己的暴牙耿耿于怀。到高中毕业聚会时，因为每个人都得表演节目，她便选择了唱歌。她穿着一条漂亮的白色裙子，紧张地站在舞台中央，音乐响起便开始唱。因为太在意自己的牙齿，为了使它不影响自己的魅力，她一直想办法把上唇向下撇，以此掩饰她那暴出的门牙。这样唱歌当然十分别扭，她唱得心不在焉，声音变得扭扭捏捏，甚至把好几段歌词都忘到了脑后。同学们看着她那奇怪的样子，忍不住哄堂大笑。这是她第一次公开演唱，结果使她沮丧万分。

这时，音乐老师史密斯夫人来到她身旁，诚恳地对她说：“其实你的嗓子很棒，完全可以唱得更好。但你唱歌时，好像在试图掩饰什么，你不太喜欢自己那口牙齿吧？”女孩被说中了心事，羞得满脸通红。

史密斯夫人又直率地说：“这又有什么关系呢？暴牙并不是什么罪过，你为什么要拼命地掩饰呢？张开你的嘴巴吧！只要你自己不引以为耻，观众也一定会喜欢你的。说不定，这口牙齿还能给你带来好运气呢！”

女孩接受了老师的建议，开始大胆地在各种公共场合演唱。她不再去想自己的暴牙，只是张开嘴，尽情地放声歌唱。几年后，她成了顶尖的歌星——凯斯·黛莉。她的暴牙和她的名字一样响亮，甚至代表了她的形象，成为一种美丽的象征，很多人还刻意模仿她呢！

不完美，其实真的没关系，谁规定“美女”一定要是瓜子脸、双眼皮、樱桃小嘴？你不必有最标准的五官，只需要某种独特的气质便可以使你与众不同，你认为是缺陷的地方或许正是你的个性之处！

曾经有这样一个故事给了我们很多启示：

一个被劈去了一小片的圆想要找回一个完整的自己，于是到处寻找自己的碎片。由于不完整，它滚动得非常慢，从而看见了沿途美丽的鲜花，它和虫子们聊天，它充分地感受到阳光的温暖。它找到了许多不同的碎片，但它们都不是它原来的那一块，于是它坚持着找寻……直到有一天，它实现了自己的心愿。然而，作为一个完美无缺的圆，它滚动得太快，错过了花开的时节，忽略了虫子。当它意识到这一切时，毅然舍弃了历尽千辛万苦才找到的那块碎片。

这个故事告诉我们，也许正是失去，才令我们完整；也许正是缺陷，才体现我们的真实。作为独立的个体，你要相信，你有许多与众不同甚至优于别人的地方，你要用自己特有的形象装点这个丰富多彩的世界。

不要因为不完美而恨自己。你有很多的朋友，他们没有一个是十全十美的。那些伪装完美、追求完美的人，其实正在拿自己一生的幸福开玩笑。世界上根本没有完美，反而正是有了缺憾，才使我们有了前进的动力，所以，珍惜缺憾吧，它就是下一个完美！

6. 不要斟满自己的杯子

生活中，从没见过一个发条永远上得十足的表会走得久，从没见过一个马力总是加到极限的车会很安全，从没见过一个绷得过紧的琴弦不易断，从没见过一个心情日夜紧张的人不易生病。

生活就像一杯水，尽管杯子的华丽程度因人而异，但杯子里的水，清澈透明，无色无味，对所有人都是一样，你有权利加盐、糖等各种调料，只要你喜欢。但若添加的成分太多，装得太满，会不堪其重。

灵珊一直以来就有很强的物质欲望，想要的东西太多太多，但是她的收入却很有限，这使她产生了很多烦恼。有一次，她和几个朋友一起吃饭，其中一位朋友说吃东西吃到半饱的时候是最好的，这时候胃很舒服，而且还有食欲，是一种意犹未尽的感觉。大家对这个话题都很感兴趣。这位朋友接着说，在生活中，她喜欢用半饱的方式对待事物，一直带着欣赏的眼光看待生活，不绷得太紧，不过得太满，留有余地，舒适舒心。

朋友的一席话给了灵珊很大的启发，她开始回顾自己过去的生活，发现自己在追求鲜亮夺目的过程中，把自己弄得疲惫不堪，即便得到了，也似乎没有真正开心过，反倒助长了不少虚荣心。她意识到应该改变自己的生活了，留有余地才会让人心情舒畅。

半饱主义本是一种美食主张，出自于香港美食家欧阳应霁写的一本叫《半饱》的书。半饱并不是说人们碰到美食想吃而吃不饱，而是提倡无论碰到多么好吃的东西，都只吃它个半饱。其实，半饱主义也可以说是一种生活态度，可以把它解释为对生活的满足和不满足，叫人们要满足于生活，半饱足矣，但从另一方面讲，半饱实际上是不满足，藏着一个贪。半饱实则永远不满足，留有好奇，因为也许在下一个街口还有更好吃的东西，因肚子还留有余地就还可以吃，如果在先前就已吃饱，现在碰到这么好吃的美食也无可奈何了。所以说，半饱，是满足，也可以说是贪心。

半饱主义还可以上升到生活方式和人生哲学的高地——“半饱对待人生的缺陷，就能幻想它的美好，笃悠悠地享受缩短这距离的过程。”

因为半饱，我们可以慢慢挑选自己的生活；因为半饱，我们对现实与梦想不远不近、若即若离；因为半饱，我们深谙幸福的真谛，坚守住洁身自好的底线。

1921 年，爱因斯坦一度受邀到荷兰莱顿大学执教。学校要给他许多高规格的待遇，但他却婉言谢绝。对他来说，所要的只是牛奶、饼干、水果，再加上一把小提琴、一张床、一张写字台和一把椅子。

台湾作家舒国治一直是租房子住，家里甚至没有冷气和电视机。他白天在高档酒店里和朋友喝着昂贵的葡萄酒，晚上在干净的房间里美美地入睡。没有多余的东西打扰，走路、吃饭、喝茶，实在是惬意。把自己从外物中解放出来，于是培养了丰富的内心。他的这种生活理念，成了台湾文艺青年争相效仿的时尚。

在我们的生命中，只有走过了一段路程，才会领悟到：凡事不能太满，把握一个合适的度，才是让别人和自己都最舒服的状态，更是一种生活的艺术和处世的技巧。

正所谓：“利不可赚尽，福不可享尽，势不可用尽。”人的脚踩过的地方，不过是几寸大小，可是在咫尺宽的山路上行走时，很容易跌落于山崖之下；从独木桥上过河时，常常会坠入河中……这是为什么呢？因为脚的旁边已经没有了余地。人若想在社会上站稳脚跟，就必须使自己脚底下宽阔一些。

比如，干事业要勇于拼搏，但不能拼上小命；美食要好好享受，但不要撑得自己太难受；减肥可以少吃一点，但不能为此饿出病来；外出旅游难免劳累，如果一天非要去好几个景点，定会累得一塌糊涂，还怎么感受快乐？

人生不要太圆满、太幸福，生命中有个小小的缺口，也是很美的一件事，它让我们有了永远追求幸福的动力。

7. 完美更多的是内心的强大

既有外表的美，又有内在的美，是美的更高层次，无疑也是我们所期待和欢迎的。然而，这又是可遇而不可求的。

有一个男人一辈子独身，一直在寻找一个完美的女人。

当他70岁的时候，有人问他：“你一直在寻觅，从这个城市到那个城市，你始终在寻找，难道就没有遇到过完美的女人，甚至连一个也没有遇到吗？”

老人变得非常悲伤，感慨地说：“是的，有一次我确实碰到了一个完美的女人。”

“那么发生了什么？为什么你们不结婚呢？”

他流下了热泪，说：“有什么办法呢？她也在寻找一个完美的男人。”

其实，这个世界上完美的男人和女人是不存在的，刻意追求的结果只能是悲伤。

生活中许多事物也是这样，十全十美是不存在的。即使存在，这种表面的美也是肤浅的、易逝的，虽然它能暂时地、直观地取悦于人，但它不久之后便要消失。而与之相对应的深沉的、永恒的美，则闪现在人们对理想事业的执着追求之中。曾经看到过这样一段话：“曲线为什么比直线美？就因为它不是简单的而是有转折的、富有流动的韵味，能引导眼睛作无穷的追逐。”由此可见，人生也因为有了追求才变得美丽。

2010年10月10日晚上，东方卫视“中国达人秀”冠军诞生，可谓众望所归，边弹边唱《You Are Beautiful》的“无臂钢琴师”刘伟夺冠。这位戴着黑框眼镜、身体孱弱、两袖空空的无臂冠军虽然没有能力接过奖杯，但在“达人秀”的舞台上，他让人们记住了一个用脚趾弹奏钢琴的倔强身影。刘伟在舞台上说出的每句人生座右铭都掷地有声，表演结束后，他又留下了一句闪亮的话：“至少我还有一双完美的腿。”

当晚的总决赛由“中国达人秀”24 强选手和以“保罗大叔”为首的世界达人们热场，接着才是 8 强选手的比赛。

刘伟令很多明星评委不由得为他拉票助选。评委伊能静为他造势，点评说：“刘伟总能传达美的部分。你的灵魂真的很美！”高晓松直接呼吁观众：“希望大家能投票给刘伟，你代表了很多达人应该有的东西。”周立波则带领现场观众为刚刚在 10 月 7 日度过 23 岁生日的刘伟唱起了生日歌，全场一片感动。导演陈凯歌为冠军颁奖。

成为冠军后，刘伟面前的道路很宽阔：签约世界级经纪公司，出唱片，与其他世界达人一起赴拉斯维加斯的演唱会……但刘伟很淡定，他说：“我一直是普通人，平时不喜欢和媒体打交道，但我的一位老师告诉我，我能让身边的人对他自己的人生有所改观。所以，如果有一天我能拥有这样的影响力，我愿意继续这么做。”

在整个参赛过程中，刘伟已经赢得了世界的关注，不仅来自英美的“达人”都一致认为他是最令人震撼的，各国媒体也纷纷对他进行了报道，称他是独一无二的。更重要的是，他身上有一种令人震撼的精神力量，他的名言已成了许多青年的座右铭，他的人生故事也能承载起“中国达人”的梦想，即“小人物大情怀”。

在现实中，有一种美是肉眼看不见的，它隐含在每一个奋斗者的言谈举止中。他们的外表很一般，有的甚至有一些缺陷，直观上，他们似乎不能给人以美感。如果以貌择美，以貌择友，他们是无法和你相遇的。

但是，这些人中有许多不屈的奋斗者。尽管他们遭受了不同程度的挫折和打击，但他们没有消沉、气馁，而是继续用崇高的信念鼓励自己走下去，努力用自己的聪明才智创造一个美好的人生。不管成功与否，他们总是在执着地追求。在他们身上，闪耀着一种智慧之美、纯朴之美、高尚之美！这种美，需要我们在实际工作和生活中去思索、去探讨、去发现，进而获得美的感受和美的力量！

人生总是不可能太圆满，完美是一种尽心尽力的做事态度，而不是苛求极端的行为。在外在美和内在美不可兼得时，我们更应该提倡注重追求生活中永恒的美。弘扬这种追求内在美的精神，感受这种体现在跋涉者足迹中的美的力量，只有这样，人生才能充实而有意义。

8. 苛求完美等如虐待自己

追求完美是我们所拥有的一种好心态，苛求完美却是我们对自己的一种虐待，因为生活本身并不存在完美。

著名导演冯小刚在女儿的 18 岁成人礼上对女儿讲过这样一番话：“亲爱的女儿，现在你要开始接触到真正的人生了，生活有时候并不像你想象得那么公平，世界上没有完美的事物，要学着面对一切真实，接受一些不完美，承担一些责任，自己做决定……”冯小刚的女儿是先天唇裂，在女儿刚出生的时候，医生告诉冯小刚，如果他们愿意放弃这个婴儿，医院可以给他们开具证明，以后他们还可以再要一个孩子。但是，冯小刚毫不犹豫地对医生说：不放弃。当年，冯小刚果断地接受了女儿的不完美，在女儿 18 岁的成人礼上，他又教导女儿要接受这个世界的不完美。是的，通常我们无法把握、改变这些缺陷的存在，我们只能怀揣一颗感恩的心，坦然地面对、接受生活中的不完美。

生活的艺术在于进退适时，取舍得当。因为生活本身即是一种悖论，一方面，它让我们依恋生活的馈赠；另一方面，又注定了我们对这些礼物最终的弃绝。这正如先师们所说的：人生一世，紧握双拳而来，平摊两手而去。

所以，你不必因考试少了几分而耿耿于怀，不必因说过一句错话而长久内疚，不必因女朋友的一个小缺点而感到遗憾，不必为一顿不可口的饭菜而埋怨，不必因一次评比名落孙山而垂头丧气，不必因一次失误而放弃全部计划，不必因一个人负心于你便怀疑世间的真情……考不上大学不一定是你的失败，找不到舒心的工作不一定说明你无能，失去这个机会你可以寻找另一个机会，搭不上这班车你可以搭下一班……

一切都不会像想象的那样完美，也不会像你策划的那样顺利，只有接受不完美，你才有勇气面对现实。

如果同一个晚上你有两件事要做——应女朋友的邀请陪她去听歌和到图书馆听一个学术讲座——你的选择应该是：你认为哪件事重要就去做哪一件，而把另外一件忘掉。只有敢于放弃才能有所获取。

认真对待生活，把握生活，但又不能抓得过死，松不开手。人生这枚硬币，其反面正是那悖论的另一要旨：我们必须接受“失去”，学会松开手。

这种教诲确实不易领受，尤其当我们年轻的时候，总以为这个世界会听从我们的使唤，总以为我们全身心投入去追求的事业一定会成功，而生活的现实仍然按部就班地走到我们面前——于是，这第二条真理虽是缓慢地，但也是确凿无疑地显现出来了。

我们在经受“失去”中逐渐成长，经过人生的每一个阶段。我们离开娘胎来到这个世界，开始独立的生活；而后又要离开父母和充满童年回忆的家庭，进行一系列的学校学习；结了婚，有了孩子，等孩子长大了，又只能看着他们远走高飞；我们要面临双亲的谢世和配偶的亡故，面对自己的精力逐渐地衰退；最后，我们必须面对不可避免的自身死亡——我们过去的一切生活，生活中的一切梦想都将化为乌有。

但是，我们为何要臣服于生活这种自相矛盾的要求呢？明明知道不能将美永久保持，我们为何还要去造就美好的事物？我们知道自己所爱的人早已不可企及，又为何还要使自己的心难以割舍？

要解开这个悖论，必须寻求一种更为宽广的视野，通过通往永恒的窗口来审视我们的人生。一旦如此，我们就可醒悟：尽管生命有限，我们在世界上的作为却为之织就了一幅永恒的图景。

只要你能秉持向着更好方向迈进的信念，你每天都可以是出色的。与一般人的想法相反的是，“出色”这个字眼并不代表完美，而是指“最佳状态”。这也就意味着：在今天或现在所处的环境限制之下，依你的知识及经验，尽最大努力所取得的结果。如果你真的尽了全力，再也不能做得更好，那你就算是相当出色了。

然而，这也不是说你不能再继续追求成长，追求更好的境界，你当然能继续茁壮成长。比方说，从现在开始一年内，你所画的画一定要比现在的画好，因为你又多了一年的知识、经验以及专业训练。但是，现在的画还是最杰出的，因为这是你当下能力的极致发挥；而日后的画当然也会是最出色的，因为那也是彼时你的最佳状态。

人生绝不是一种作为生物的存活，它是一些叵测的变幻，也是一股不息的奔流。我们的父母通过我们而生存下来，我们也通过我们的孩子而生存下去。我们建造的东西将会留存久远，我们自身也将通过它们得以久远地生存。我们所造就的美，并不会随我们的消失而消失。我们的双手会枯萎，我们的肉体会消失，然而我们所创造的真、善、美将与时俱在，永存不朽。

追求完美固然是我们的终极目标，但是却不须强求。只要能够在种种的限制条件之下，尽己所能地朝目标努力，就一定能够达到出色的境界。

9. 珍惜自己拥有的一切

有人说："这个世界上根本就没有事实。你关注什么，你就会得到什么。生活就是这样的，蓝天白云、绿树鲜花、美景如画是事实，而垃圾也是事实，它们都客观存在着，重要的是你的眼睛看到了什么。当你看到美景如画时，心旷神怡属于你；当你看到垃圾时，心烦意乱也就在所难免了。"

一只辛勤工作的蜜蜂，身上沾满了花粉，疲惫地向蜂房飞去，肚子饿得咕咕直叫的它望着与自己同行的苍蝇，心中暗想："还是苍蝇老兄自在快活，不用天天工作，也不用看蜂王的脸色，天天都能吃饱。"而这时苍蝇却在感叹上帝的不公："凭什么蜜蜂就能享受那香甜的花粉，而我只配在垃圾堆里晃来晃去。如果有来生，我还是做一只蜜蜂好了。"一条饥肠辘辘的野狗迎面看见了一头猪，野狗已经好几天没吃东西了，看见猪长得肥肥胖胖、懒洋洋地在那晒太阳，心里暗自祈祷："善良的上帝啊，下辈子让我做条猪吧。你看它多快活，吃了就睡，睡醒又吃，一点事情也不用做，一点烦心事也没有，多么逍遥自在啊！"年底，这头猪成了主人的年夜饭，临死前猪眼泪汪汪地说："我才活了一年，而且还没有自由，看看野狗老弟天天在外面奔波，时不时还可以停下来闻闻春天的野花香，我下辈子再也不做猪了。"

这是挺有意思的一种现象，所谓风景在别处。我们总是不由自主地去羡慕别人所拥有的东西，羡慕别人的工作，羡慕朋友买的新房，羡慕别人的车子，唯独忽略了自己拥有的东西。

她站在台上，不时不规律地挥舞着她的双手；仰着头，脖子伸得好长好长，与她尖尖的下巴扯成一条直线；她的嘴张着，眼睛眯成一条线，诡谲地看着台下的学生；偶尔她口中也会咿咿唔唔的，不知在说些什么。基本上她是一个不会说话的人，但是，她的听力很好，只要对方猜中，或说出她的意见，她就会乐得大叫一声，伸出右手，用两个指头指着你，或者拍着手，歪歪斜斜地向你走来，送给你一张用她的画制作的明信片。

她就是黄美廉，一位自小就患脑瘫的病人。脑瘫夺去了她肢体的平衡感，也夺走了她发声讲话的能力。从小她就活在诸多肢体不便及众多异样的眼光中，她的成长充满了血泪。然而，她没有让这些外在的痛苦击败她内在奋斗的精神，她昂首面对，迎向一切的不可能，终于获得了加州大学艺术博士学位。她把她的手当画笔，以色彩告诉人们"寰宇之力与美"，并且灿烂地"活出生命的色彩"。全场的学生都被她那不能控制自如的肢体动作震慑住了，这是一场倾倒生命、与生命相遇的演讲会。

"请问黄博士，"一个学生小声地问，"你从小就长成这个样子；请问你怎么看你自己？你没有怨恨过吗？"大家的心一紧，这孩子真是太不成熟了，怎么可以在大庭广众之下问这个问题，太伤人了。

"我怎么看自己？"黄美廉用粉笔在黑板上重重地写下这几个字。她写字时用力极猛，有力透纸背的气势。写完这个问题，她停下笔来，歪着头，回头看着发问的同学，然后嫣然一笑，又回过头去，在黑板上龙飞凤舞地写了起来：

一、我好可爱！

二、我的腿很长很美！

三、爸爸妈妈这么爱我！

四、上帝这么爱我！

五、我会画画！我会写稿！

六、我有只可爱的猫！

七、还有……

教室里鸦雀无声，没有一个人讲话。她回过头来看着大家，再回过头去，在黑板上写下了她的结论："我只看我所有的，不看我所没有的。"

掌声在学生群中响起，黄美廉倾斜着身子站在台上，满足的笑容从她的嘴角荡漾开来，她的眼睛眯得更小了，有一种永远也不被击败的傲然写在她的脸上。

我们这么多年来每天都生活在一个美丽的童话王国里，却看不见生活的美丽，常常怨天尤人，时常感到失落。若想得到快乐，请记住："只看我所有的，不看我所没有的。"

"珍惜自己拥有的一切"，一句很简单的话，世人却很难做到。每一条河流都有自己不同的生命曲线，但是每一条河流都有自己的梦想，那就是奔向大海。生命充满未知，没有人知道下一秒会发生什么事情。一个真正懂得生活的人，知道珍惜现在，珍惜眼前的一切。因为昨天已经成为历史，明天还未到来。只有今天是我们可以把握的，它离我们最近，让我们触手可及。把握住了今天，也就拥有了明天。现实中的一切都来之不易，所以，请珍惜眼前的幸福，珍惜现在的一切。

第七章　舍弃浮华，让心灵重归平静

在物欲横流的今天，浮躁就像是一种病毒，在社会的各个角落肆意传播。不少拥有聪明头脑的人，总是急功近利，一山望着一山高，缺乏坚定的意志与恒心，到最后事业难成。浮躁成了失败者的墓志铭。其实，人世不过是一指浮华，抓不住的虚无，消不去的暗伤，不如放下繁华喧嚣，保持一颗平常心，脚踏实地去做，你会发现成功是如此简单。所谓“磨刀不误砍柴工”，所谓“临渊羡鱼，不如退而结网”，就是这种道理的清楚阐释。

1. 用微笑诠释泪水

在电视剧《微笑 Pasta》中，女主角总爱重复这样一句话："只要笑一笑，没什么事情过不了。"印度大文豪泰戈尔也曾说过："世界上最美好的事情就是一笑了之，不必用眼泪去冲洗。"

人生难免发生不如意的事，很多烦恼和痛苦是我们躲不掉的，但是，想得越多、看得越重，内心的包袱也就越沉重，此时，倒不如发自内心地微微一笑。

造物主对每个人都是公平的，得失之间有其固有的平衡，两者的转换也常在一念之间。与其生活在烦恼和失落中，在患得患失中生自己的气，生他人的气，不如微微一笑，让笑容洗去泪水，让爱宽容所有的不公平，让坚强拨开生活的迷雾。

世事如棋，喜怒哀乐酸甜苦辣，全凭个人去领会，去品评。人生一世，学会淡泊名利，清除超常欲望，心静自然"凉"。

伊朗电影《天堂的颜色》中讲述了一个双目失明的女孩的生活观。这个女孩虽然看不见东西，但是她用自己的心灵来看待世界、体味生活，她的生命里没有成人世界常见的浮躁、烦恼和沉重。

在没有光明的黑暗世界和极其残酷的现实生活中，她努力用心灵去感受身边的一切，倾听那有着顽强生命力的人生律动。当她充满悲剧色彩的人生逐步展开的时候，她告诉自己"这也是一种生活"。

原来，每个人对生命都有一分希冀，无论你是正常人还是残障人士，只要将心静下来，用心去体味，生命的本质也许没有发生过改变，但你却可以找到生命的意义。

正如电影中的旁白所说："捕捉生命，一如梦境，一如倒影。"心如止水的时候，往往就能映照出生命的本质和价值。

杭州有一位年过百岁的老人，有一次接受电视台的访谈，在和主持人交谈的时候，老人的心态特别好，在台上一直乐呵呵的。主持人问她，为什么那么爱笑，是不是生活得很顺心。

老人摇摇头，说道："我一生有过7个孩子，但是夭折了5个。"大家都沉默了，老人继续说道："正因为生活中有太多不如意的地方，甚至还有很多痛苦的经历，所以才要笑，让自己活得开心一些。"

其实，每个人都有理由送给自己一个笑容，不仅仅是一种心态，更是一种生命的力量。有人曾这样说过：你笑，全世界都会跟着你笑；你哭，全世界只有你一个人哭。所以，当生活进入了低谷，不要抱怨，也不要气馁，人生总是不圆满的，如果我们希望生活成为自己梦想的模样，就要用幸福的笑容拭去眼角的泪水。

微笑着生活的人，能够坦然面对人生的困难和厄运，从不惧怕遭遇不幸，也从不逃避人生的失败。

一位年近花甲的人力三轮车师傅，每天早出晚归，勤劳而不知疲倦。师傅的脾气很好，待人热情，大家都很喜欢坐他的车。有一次，有人问他，也不年轻了，怎么还干这样累的活？他笑着从车上跳下来，还动作夸张地走了几步给对方看。原来，他有天生残疾：跛足，左腿长，右腿短。

见此情形，问者叹息不已，不由得替师傅难过起来。但是，他坦然地笑着说，为了能不走路，踩三轮车就是最好的伪装，这也算是"英雄有用武之地"。他还扭过头说："我老婆可美了，儿子也很帅！"

他说，自己没上过多少学，但是身体好，踩三轮车既环保又可以赚点生活费，生意好的时候一天能赚上百元呢。虽然发不了什么大财，但是生活一样滋润。他说自己有"人生三愿"：吃得下饭，睡得着觉，笑得出来。

这位人力三轮车夫可谓生活的智者。人生短短几十年，有人享受，有人抱怨，有人痛苦。但无论怎样的境遇，心态决定一切。梭罗曾说："无论你的生活如何卑微，你都需要面对与度过，不要逃避，也不要恶语相向。"所以，面对痛苦能够让心中充满快乐，是一种成熟，更是一种生活的智慧。

当然，我们无需排斥眼泪，它也是人类宣泄内心情感的一种方式。只是生活更需要阳光和笑容，需要能够燃起内心希望的火种，而微笑就是这颗珍贵的火种。当我们拥有了一颗乐观而强大的心，泪水也必将映照出微笑的彩虹。

2. 99%的烦恼都是自找的

每个人或多或少都有过杞人忧天的经历。举个例子，假设有一天早晨起得太晚，你不禁会想：糟糕！起得太晚了，一定会碰上大塞车，上班肯定会迟到。如果迟到了，老板肯定会对我不满意，要是他生气了，说不定会让我走人。万一我失业了，房屋贷款和一大堆等着支付的信用卡账单该怎么办？如果不能及时找到新工作，不但信用破产，房子也会被查封。而这些都是因为今天这么晚起床！

也许你会觉得这一路推演下来未免夸张了点，不过，类似的杯弓蛇影你绝不是没有过。

适当的恐惧感可以促使我们奋发向上，没有了它，大多数人会失去激发自己向上的原动力，没有了奋斗的动机。但是，过度恐惧并不可取，它只会让我们成天忧心忡忡，什么也做不了。如果凡事能够退一步想，不要那么钻牛角尖，忧虑就会减轻不少。就上面的例子而言，虽然起晚了，也可以安慰自己，说不定赶着上班的人今天都起早了，一路畅通无阻。万一塞车了，老板可能也还没到。就算被他逮到了，顶多批评一顿而已。

总之，对于未知的事，所有猜想都是机率问题。以统计学来说，最坏和最好的情况出现的机率都是微乎其微的，同时它们的机会也大略相等。更何况，即使最坏的结果真被你料到了，你又能怎么办？你的担心能够改变它吗？实际上，很多事是无法提前完成的。过早地为将来担忧，于事无补，只会让自己活得更累，给自己带来更多沮丧的情绪。禅宗所主张的

"活在当下"，不就是指努力过好现在，把明日的事情留给明日吗！

下面是美国作家布莱克伍德在二战期间的一段亲身经历，相信会给你带来一些启发。

40多岁的布莱克伍德，因为战争的到来，众多的烦恼接二连三地向他袭来：因为战争，他所办的商业学校里大多数男生都应征入伍而出现了严重的生源危机；他的大儿子也在军中服役，生死未卜；他的住房附近要修建机场，土地房产基本上属无偿征收，赔偿费只有市价的1/10；女儿马上就要高中毕业，上大学需要一大笔学费，却还没有筹到。

布莱克伍德坐在办公室里为这些事情苦恼着，随手将它们一条条写下来，苦想对策，但都没有最好的办法，他只好把这张纸条放进了抽屉。

一年半过去了，有一天，他在整理资料时，无意中又看到了这张纸条，那些曾经折磨他很长时间的烦恼事，一一对照着看，却没有一个烦恼真正发生过。他担心商业学校无法办下去，但政府却拨款训练退役军人，他的学校很快便招满了学生；他的儿子毫发无损地回来了；住房附近因为发现了油田，他的房子也不再被征收；在女儿将入大学之前，他找了一份兼职稽查工作，帮助他筹足了学费。

布莱克伍德最后得出了"99%的烦恼其实都不会发生"的人生经验，并深有感慨地说："为了不会发生的事饱受煎熬，真是人生的一大悲哀！"

诚如斯言，99%的烦恼不会发生，而真正的烦恼又很少很少，可以忽略！这正应了中国的一句俗话："船到桥头自然直。"一切烦恼都会随着时间的推移及我们自身的努力而被我们忽略。而忽略掉一个烦恼，就会迎来"山重水复疑无路，柳暗花明又一村"的佳境。

3. 好心态可点石成金

西方有句名言：“乐观是转机”，东方也有句名言：“性格决定命运”，可见乐观性格的重要性。只要我们抱着乐观向上的人生态度，局面就会随之改观，低潮之后就是高潮，逆境也变为顺境了。

乡下有位陶瓷匠，听说城里人喜欢用陶罐，便决定烧制最好的陶罐卖到城里。陶罐烧制好后，陶瓷匠雇来一艘轮船，准备将所有的陶罐都运到城里。想到卖了陶罐马上就能过上好日子，陶瓷匠兴奋不已，不料途中遇到了大风暴，等轮船靠了岸，船上的陶罐也全成了碎片。

陶瓷匠非常沮丧，捶胸顿足之后，他又想，失去那些陶罐本来就够不幸的了，如果现在再因此不快乐糟践身体，岂不是更加不幸？他决定趁机到城里好好玩几天。在玩的时候，陶瓷匠意外发现，城里人用来装饰墙面的东西很像自己烧制陶罐的材料。于是，他决定把那些陶罐碎片再砸碎，做成马赛克出售给建筑工地。最后，陶瓷匠不但没有因陶罐破碎而亏本，相反，他因出售马赛克而大赚了一把。

乐观者在灾祸中看到机会，悲观者在机会中看到灾祸。遭遇挫折，身陷逆境，如果心灰意冷，势必一事无成；倘若我们心态乐观，保持冷静，也许就能发现新的机遇。生活中，困难、不如意不可避免，要想成为强者，乐观须是生活常态。何谓乐观，打个比喻，就像炉灶上的响壶，屁股烧得红红的，却还有心情吹口哨。

李东总有着好的运气。他获得好运的秘诀是每天早上出门，如果遇到晴天，就说："啊！这是个多么美好的天气。"如果是阴天则讲："这是多么有情调的天气。"坐上车他会想："今天是个幸运的日子。"然后觉得每个人都在对自己笑，好运也就跟着来了。听起来似乎很邪乎，但是其中的主要原因，应该是他总能保持一颗乐观而充满希望的心。

事物都有其两面性，问题就在于我们怎样去对待它们。乐观者对待事物，不看消极的一面，只取积极的一面。如果摔了一跤，把手摔出血了，他会想：幸好没把胳膊摔断；如果遭遇车祸，撞坏了一条腿，他会想：大难不死，必有后福。

一位心理学家曾就此道出自己的感悟："人生是好是坏，并不由命运来决定，而是由信念和处世的心态来决定；生命像一条大河，在岁月的原野上不断地奔流，如果你不主动地、有计划地调整自己小筏的航向，小筏就会随波逐流，迷失在不可预料的地方；如果你不在自己心理和生理的土壤中播下期望的种子，荒草便会蔓延丛生；如果你不主动把自己的心态导向积极的一面，消极灰暗的心境就会像一只乌鸦，在我们头上喳喳鸣叫。"

凡事多往好处想，永远不要失去生活的热情，心存希望，才能创造美好的人生。心态不同，命运也会截然不同。

伊莉莎白·康奈利夫人有一个最爱的人——她的侄儿。有一天，她接到一封电报，说她的侄儿已经为国捐躯，她悲伤得无以复加，仿佛整个世界都崩塌了。就在她清理桌子、准备辞职的时候，突然看到一封侄儿以前写给她的信，上面有这样一段话："我永远也不会忘记那些你教我的真理，不论生活在哪里，不论我们分离得有多么远，我永远都会记得你教我要微笑，要像一个男子汉一样承受所发生的一切。"于是，她重新回去开始工作，她不再对人冷淡无礼，她一再对自己说："事情到了这个地步，我没有能力去改变它，但我可以乐观地面对它。"

心态的力量是如此的巨大，以至于人们可以通过改变自己的想法来改变自己的人生。一个人要想自在自如地生活，心中就需要多一分坦然。如果我们凡事都从积极、乐观的方面去想，就不会被任何困难所吓倒，甚至能将困难与不幸转化为幸福。

4. 哭着过不如笑着活

当人处于积极进取的状态（即积极心态）时，通常显得自信、自爱、坚强、快乐，种种能力源源不断地涌出。而当人处于悲观的状态时，则会表现出多疑、沮丧、恐惧、焦虑，浑身无劲。所以，不管什么时候，心态都会影响你的想法和做法。

日本的《禅海珍言》中记载了一则“哭婆”变“笑婆”的故事。

京都南禅寺前住着一位绰号“哭婆”的老太太，她雨天哭，晴天也哭，成年累月地以泪洗面，日子过得十分凄苦。

南禅寺的和尚问她：“老太太，你怎么总是哭呢?”

她边哭边答：“老方丈，你有所不知啊！我有两个女儿，大女儿嫁给了一个卖鞋的，小女儿嫁给了一个卖伞的。天晴的日子，我会想到小女儿家的伞卖不出去；下雨的时候，我又想到大女儿的鞋肯定没人买。想到这些，我怎么能不伤心落泪呢?”

和尚听了劝她说：“老太太，你不要哭，下雨也好，天晴也好，我们都应该感激生活，好好地过日子。天晴的时候，你应去想大女儿的鞋店肯定生意兴隆；下雨时，你该去想小女儿的伞店一定卖得很多。”

老太太经他这样点拨，当即“顿悟”，破涕为笑了。之后，她的生活内容虽说没有什么变化，但由于她观察生活的角度变了，也便由“哭婆”变为“笑婆”，整天乐呵呵的，生活变得甜蜜和美，再也没有伤心事了。

是的，生活就是一面镜子，它笑，是因为我们对着它笑；它哭，是因为我们对着它哭。所以，学会笑对生活吧！世界不会因为你的哭而改变，但你的人生一定会因为你的笑而改变。

杰瑞是个不同寻常的人。他的心情总是很好，而且对事物总是有着正面的看法。当有人问他近况如何时，他会回答："我快乐无比。"

他是个饭店经理，却是个独特的经理。因为他换过几个饭店，而有几个饭店侍应生总是跟着他跳槽。他天生就是个鼓舞者。如果哪个雇员心情不好，杰瑞就会告诉他怎么去看事物的正面。

这样的生活态度实在让人好奇，终于有一天，有人对杰瑞说，这很难办到！一个人不可能总是看事情的光明面。"你是怎么做到的？"这人问道。

杰瑞答道："每天早上我一醒来就对自己说，杰瑞，你今天有两种选择，你可以选择心情愉快，也可以选择心情不好。我选择心情愉快。每次有坏事发生，我可以选择成为一个受害者，也可以选择从中学些东西。我选择从中学习。每次有人跑到我面前诉苦或抱怨，我可以选择接受他们的抱怨，也可以选择指出事情的正面。我选择后者。"

"是！对！可是没有那么容易吧。"听者立刻声明。

"就是有那么容易。"杰瑞答道，"人生就是选择。当你把无聊的东西都剔除后，每一种处境就面临一个选择。你选择如何去面对各种处境。你选择别人的态度如何影响你的情绪。你选择心情舒畅还是糟糕透顶。归根结底，你自己如何选择面对人生？"

几年后，杰瑞出事了：有一天早上，他忘了关后门，被3个持枪的强盗拦住了。强盗对他开了枪。幸运的是，杰瑞被及时发现，送进了急诊室。经过18个小时的抢救和几个星期的精心照料，他出院了，只是仍有小部分弹片留在他的体内。

事情发生后6个月，一个朋友见到了杰瑞，问他近况如何。他答道："我快乐无比。想不想看看我的伤疤？"朋友趋身去看了他的伤疤，又问他当强盗来时，他想些什么。

“第一件在我脑海中浮现的事是，我应该关后门。”杰瑞答道，“当我躺在地上时，我对自己说有两个选择：一是死，一是活。我选择了活。”

“你不害怕吗？你有没有失去知觉？”朋友问道。

杰瑞说：“医护人员都很好。他们不断告诉我，我会好的。但当他们把我推进急诊室后，我看到他们脸上的表情，从他们的眼中，我读到了‘他是个死人’。我知道我需要采取一些行动了。”

“你采取了什么行动？”朋友赶紧问道。

“有个身强力壮的护士大声问我问题，她问我有没有对什么东西过敏。我马上答，有的。这时，所有的医生、护士都停下来等着我说下去。我深深地吸了一口气，然后大声吼道：‘子弹！’在一片大笑声中，我又说道：‘我选择活下来，请把我当活人来医，而不是死人。’”

杰瑞活了下来，一方面要感谢医术高明的医生，另一方面要感谢他那惊人的生活态度。任何一件事情发生后，都会有两种“选择”供你选择，“快乐无比”的杰瑞总是积极地选择正面，我们有什么理由去选择反面呢？

那些快乐地生活、整天拥有好心情的人，不如意的事情和遭受的磨难就会比别人少吗？答案是否定的，他们笑对生活，并非生活中处处都是顺心的事，而是因为他们选择了快乐，选择了笑，笑成了他们的生活态度。他们快乐，只是因为他们想快乐；他们笑，只是因为他们认为与其哭着过，不如笑着活。

具体来说，应该如何做呢？

（1）选择快乐。谁都希望过得快乐，但并非谁都知道快乐是可以选择的。生活中总有这样或那样的不如意，是哭着过还是笑着活，不在于这些不如意的事情，而在于你如何面对它。

（2）保持健康心态。心态是一个人面对事情的心理状态。心态不好的人，喜欢斤斤计较，容易着急上火，即使物质上并不比别人缺少什么，但精神上总是紧张兮兮的，自然是哭的时候多，笑的日子少。而健康的心态则是一束阳光，即使在寒冷的冬天，也能让人感受到温暖。

（3）看淡得失。人有欲望不是坏事，坏就坏在欲望过多，得失之心太重。生活中的诱惑本来就很多，如果你这也想得到，那也不想放下，必然身心俱疲，哪来快乐可言？俗话说，命里有时终须有，命里无时莫强求。我们不能信命，但放下生命中的诸多欲望和负累，轻装前进，的确是获取快乐的良方。

（4）变换态度。有的人看问题喜欢钻牛角尖，在别人眼里完全可以忽略或绕过的问题，在他这里却成了翻不过去的大山。这种人在生活、工作中多的是猜疑、嫉妒、生气。要想从中解脱其实并不难，只需换一种态度，就能即刻拥有不一样的心情。

（5）追求自然和谐。生活中，我们会自觉不自觉地选择一种属于自己的状态：有紧张忙碌，有悠闲自得，有苦中求乐，很难说哪一种状态更好或更坏。可以肯定的是，顺其自然、物我相谐的状态，是一种最能令人身心愉悦的状态。

（6）笑对挫折。平淡的日子里，面对人情冷暖、是非得失，仍能保持良好状态也许不难做到，但当面对巨大的人生变故和挫折，照样能笑得出来，就不是一般人能做到的了。所以，一旦你拥有了这种变哭为笑的方法和态度，也就拥有了快乐一生的资本。

5. 经常清理情绪的垃圾

俗语说“小树不砍不成材”，生活中，人们的心情同样需要及时“砍伐”和“修剪”。每个人每天的情绪都会出现波动，反复纠缠后有些人可以摆脱负面情绪然后直奔目标，有些人则会越来越糟。情绪的波动有很多原因，其中的关键因素是自我施压。如果我们对压力可以调适得当，不仅可以转化为动力，愉悦身心，还可以激发出身体的潜能，挑战更高的生活目标。

小李毕业后在职场摸爬滚打了数年，感觉十分劳累，当初的目标和理想却似天上的星星一样遥不可及。郁闷和苦恼一点点地累积起来，不断压迫着他，令他神经紧张、焦躁不安，甚至整日恍恍惚惚，无法集中精力完成任何事情。有时候即使面对少量的工作，他也不能静下心来完成。常常积压了一大堆的事情，弄得手忙脚乱无所适从。他还经常在做和玩之间摇摆不定，以至于工作休息两耽误。

小李也尝试着用美食、购物、旅行、健身等方式缓解自身的烦躁和疲惫，但都收效甚微。

有一次，朋友约他一起去 K 歌，他说：“烦，不想去。”朋友劝道：“一个人在家怎么解烦呢？我们叫你出去玩也是为了替你解烦！”小李觉得也有道理，于是就答应了。

当晚，小李努力克制自己的情绪，尽量避免多说话，他不断地点歌，并且专门点了一些《青藏高原》、《喜马拉雅》、《山丹丹花开红艳艳》这些高亢的歌曲。谁知，一通“狼吼”后，他的心情竟舒畅了许多，郁闷随歌声消散，心中的烦恼也通通释放了出来，尽管没有从根本上解决问题，但缓解了许多。

生活中随处可见废纸篓、垃圾桶，每个人的情绪中也有一种垃圾，它无形无觉，犹如树干上长出来的枝杈一样，依附在身体的主情绪中，潜伏在我们的内心深处——这就是各种烦恼和压力。投资的失利，朋友的误解，感情的失败，甚至恶劣的天气都会影响我们的情绪，旁逸斜出的枝杈不断生长，随之而来的便是焦虑、烦躁、不满、妒忌等负面情绪，日复一日地填满我们的内心。

所幸每个人的心中都有一个平衡系统，当某一方面受到挫折时，如果能及时克制并从另一方面进行疏导，就可以继续保持这个平衡。这就是一种滤掉烦恼、清理情绪垃圾的方法。

当烦恼来临的时候，它通常会成为一个恶性循环的开端。拒绝它，避免它肆意妄为的疯长，最有效的办法就是消灭它以此打破循环。这点并不难做到，只需拥有热爱生活的态度和豁达的智慧。一本书、一首诗、一幅画……都可以帮你去掉不必要的烦恼，将你从烦恼中拯救出来。

当然，要想做到有的放矢，就需要找到这个垃圾桶，找到疯长的枝杈，而后果断把它清理掉。

第一步，分析垃圾情绪的来源，洞察枝杈生长的节点，明白自己的不安究竟从何而来，掌握垃圾情绪的分类和指向。

第二步，为垃圾情绪找个“出气口”，选择适合自己的“垃圾处理机”。这并不是要求每个人都成为心理专家，也不是每个人都必须去看心理医生，但我们必须懂得一些心理自救的常识，成为一个会心理自救的人，在苦恼的时候能够开导自己并有效地化解烦恼。比如“狼吼”就是一种有效的“垃圾处理机”，也是一个出气口，它经过一通无所顾忌、歇斯底里的怪吼，彻底清理掉坏情绪。亲情倾诉也是一种有效的方式。处理坏情绪的方式不一而论，只要是适合自己的就一定是有效的。

以上两步实施后，你的情绪便如同过滤了一样，心情自然也会趋于平静。人类和自己的情绪打交道是一种“全天候的活动”，所以，我们每个人都应该培养一种积极的人生态度，提升自我功能，去感受生活的美好。而要做到这一点，关键在于找到适合自己的生活方式。有人喜欢充实、有挑战性的生活，也有人愿意过悠闲、轻松的生活。按照自己内心的愿望，接纳自己，寻找自己的评价标准，不要求过高，心态就会平和很多。现实社会的成功模式过于单一，我们必须学会与别人一起分享喜悦；学会去爱，与不同的朋友相处；学会放弃，培养坚毅的性格；学会主宰，调整情绪，比如每天给自己留出一小段时间，清理一下思路，或者什么都不想，让脑子停下来，发发呆，把自己的感觉和情绪“握在手中”！

6. 宁静能生智慧

人心如一块土地，当季节将一床雪袄冰被覆盖在大地上的时候，是为了让土地好好休息。累了几个季节，长了几季庄稼，也该歇歇了。土地静听着冰封的河下丝丝流水，在厚厚的雪被下慢慢进入梦乡。于是，瘦了的土地在梦中慢慢恢复了地力，一觉醒来，又以蓄足了的精力去催生万物。

人也需要休息，需要宁静。宁静是一幅画的底色，单一而纯净，你可以在上面演绎彩色的故事。宁静是一块土地，肥沃而平坦，你可以在里面播撒智慧的种子。宁静是森林，是鸟喧嚣的天堂；宁静是海底，是鱼畅游的故乡。非淡泊无以明志，非宁静无以致远。要想让自己狭隘的心胸变得宽阔，你必须在宁静中拓展自己思维的疆域。

宁静源于内心，同样，宁静的敌人也来自内心。因此，要保卫洁净的精神家园不受侵袭，必须打败四大敌人——妒忌、功利、贪婪和野心。妒忌是毒蛇，使人恶念丛生、心智疲惫；功利心强者时时计较个人得失，羁绊于一分一厘而无法超脱；贪婪之心源于欲望，终日被搅得心神不宁、躁动不已；野心大者，处处不满自己，只惦记着如何将不可得之物据为己有。敌人十分强大，装备精良，且往往结成联盟，要战胜它们不仅需要勇气，还需要智慧。

有这么一个故事：从前有一个农夫，拥有一个很大的地窖。有一天，他在地窖里收拾杂物，不慎把他心爱的手表弄丢了。他很着急，点了灯四处寻找，却怎么也找不到。于是，他想了个办法，请邻近几个正在玩耍的小朋友来帮他找，并承诺谁要是找着了，就送给他一块蛋糕。小朋友们听了，争先恐后地寻找着那块手表，半个小时过去了，手表还是没有下落，小朋友们纷纷放弃了。就在大家离开后，有个小孩悄悄地走进地窖，没多久就找到了农夫丢失的手表。农夫很惊讶，连忙问他是如何找到的。小孩回答说："我只是静静地坐在那里，不一会儿，我就听见滴答滴答的声音，于是我就找到了手表。"

当你放慢节奏，摒弃杂念，专注聆听自己内心深处的声音；当你有意识地全神贯注于身所处、手所做和心所感的时候，才能得到那一时刻所带来的恩赐、启示或喜悦。

置身于喧嚣的生活、纷杂的世界，为摆脱人生的苦恼和忧烦，不知多少人苦苦寻求一分心灵上的宁静，却往往不可得。正如作家周国平所说："这个世界既充满着机会，也充满着压力。机会诱惑人去尝试，压力逼迫人去奋斗，都使人静不下心来。"

然而，宁静也并非不可得。因为喧闹的是外部世界，而宁静是属于心灵的，一个人只要养成多关注内心世界的习惯，不为外界的力量所左右，善于把外部生活的收获变成心灵的财富，那么，他就能步入精神世界的净地，超脱地看待一切纷纷扰扰，心平气和地享受人生。唯有宁静的心灵，才不眼热权势显赫，不嫉妒金银成堆，不乞求声名鹊起，不羡慕美宅华第。因为所有的眼热、嫉妒、乞求和羡慕，都是一厢情愿，只会加重生命的负荷，加速心力交瘁，使人与豁达康乐无缘。

某城市老街上有一铁匠铺，铺里住着一位老铁匠。由于没人再需要打制铁器，现在他改卖铁锅、斧头和拴小狗的链子。

他的经营方式非常古老和传统。人坐在门内，货物摆在门外，不吆喝，不还价，晚上也不收摊。无论你什么时候从这儿经过，都会看到他在竹椅上躺着，手里是一台收音机，身旁是一把紫砂壶。

他的生意也没有好坏之说，每天的收入正好够他喝茶和吃饭。他老了，已不再需要多余的东西，因此他非常满足。

有一天，一个文物商人从老街上经过，偶然看到老铁匠身旁的那把紫砂壶，发现此壶古朴雅致，紫黑如墨，有清代制壶名家戴振公的风格。他走过去，顺手端起那把壶，壶底有一记印章，果然是戴振公的。商人惊喜不已，因为戴振公在世界上有捏泥成金的美名，据说他的作品现在仅存3件，一件在美国纽约州立博物馆里，一件在台湾“故宫博物院”，还有一件在泰国某位华侨手里，是他于1993年在伦敦拍卖市场上以16万美元的拍卖价买下的。

商人端着那把壶，想以10万元的价格买下它。当他说出这个数字时，老铁匠先是一惊，后又拒绝了，因为这把壶是他爷爷留下的，他们祖孙三代打铁时都喝这把壶里的水，他们的汗也都来自这把壶。

壶虽没卖，但商人走后，老铁匠有生以来第一次失眠了。这把壶他用了近60年，一直以为是把普普通通的壶，现在竟有人要以10万元的价钱买下它，他转不过神来。

过去他躺在椅子上喝水，都是闭着眼睛把壶放在小桌上，现在他总要坐起来再看一眼，这让他感到非常不舒服。特别让他不能容忍的是，当人们知道他有一把价格不菲的茶壶后，总是不请自来，有的问还有没有其他的宝贝，有的则开始向他借钱，更有甚者还在晚上敲他的门。他的生活被彻底打乱了，他不知该怎样处置这把壶。当那位商人带着20万元现金第二次登门的时候，老铁匠再也坐不住了。他招来左右店铺的人和前后邻居，拿起一把斧头，当众把那把紫砂壶砸了个粉碎。

现在，老铁匠还在卖铁锅、斧头和拴小狗的链子，据说他已经102岁了。

宁静可以沉淀出生活中许多纷杂的浮躁，过滤出浅薄粗率等人性的杂质。古往今来，论述宁静的心灵与人生密切关系的精辟之语俯拾皆是。儒家的“独善其身”是要求人注重品性修养，宁静心灵；道家的“解纷和光”也是提醒人要善于解除世事纷争，含敛光辉，混目尘世，宁静心灵；禅学里的“见性忘情”同样是告诫人要宁静心灵。静能生慧，静能开悟，静能正道，静能养气，静能明志，静能致远……可见，谨守宁静的心灵，从来都是人们正确地认识社会、把握人生的关键。

诺贝尔文学奖获得者莫言说，他小说中的奇妙想象得益于当年放羊的牧场。偌大的草场只有他和十几只羊。他躺在辽阔的草地上，是牧场上唯一的主宰。蓝天下，宁静中，风在动，云在动，他的思维也在动。是宁静激活了他奇特的想象，是宁静积蓄了他生命的能量。

星云大师说，愿望太多就增加烦恼，烦恼多了心就无法宁静，就更空虚。面对名和利，不要过分追求，而要用宁静的心去感受“有”与“无”，“有”带来的安乐是有限的，“无”带来的安乐是无限的。腾出物欲空间，让宁静驻守心中，你才能修炼得内心强大、百毒不侵。是啊，心烦意乱，你的思想像狂风吹过的凌乱苇草，七零八落；热衷于喧闹，你的智慧如月迷津渡，楼台雾锁。就像王安石笔下的方仲永，文思枯竭，长不出新芽，也守不住真经。大智者莫不是神闲气定，如得道之高僧，在慌乱的小沙弥面前，依然镇静自若。心有宁静，无故加之而不怒，骤然临之而不惊，因为明白来的终究要来，去的终将要去。

宁静筑就了心理强大的基石，承载着大德、大智与大勇。所谓急中生智，只不过是将脑中一切无关之事快速调为“静音”状态，顿然生出化解危难的智慧。怀着一颗宁静的心，我们才能真切地意识到平淡是最宝贵的幸福；才能真正体会出原来生活所赋予我们的一切，哪怕是寂寞，都是珍贵的礼物；才会真心地感谢那朵匆匆飘过的白云，那片静谧的蓝天，那株无言的小花……滤去了尘埃、喧嚣，只有花香扑鼻、鸟语盈耳。

7. 学会给心灵松绑

在这个行色匆匆的年代，我们或多或少都承受着物质生活带给我们的压力和恐惧。它压迫着我们的心灵，使我们沉迷于物质的旋涡中，忽略了亲人与朋友，甚至忽略了自己的内心感受。

也许我们认为，只有不间断地折磨自己，使自己疲惫不堪，忙得焦头烂额才能好过一些。果真如此的话，我们的生活就没有意义可言了。

早在 1928 年，英国经济学家凯恩斯就曾预言：“有史以来，人类将首次面对一个真正永恒的问题——如何利用工作以外的自由与闲暇，过快乐的生活。”现代人的生活节奏异常快速，人们为了各自的追求而忙碌奔波，急功近利，心浮气躁。尽管有一些人如愿以偿地爬到高位，积累了巨额金钱，但更多的却是感到劳累和厌倦。一贯以崇尚金钱著称于世的美国人，也对过去的价值观产生了怀疑和厌倦，不少人甚至宁可放弃高收入以及为之疲于奔命的生活方式，而选择低收入、少消费，以换取更多的自由，去过一种比较轻松的生活。不快乐的人最普遍的原因是他们总喜欢照着计划生活，极尽人生之所能来满足自己的欲望，他们不是在享受人生，而是在苦苦等待将来发生的事情。

为什么我们工作、学习了一天，依然没有满足感，依然觉得心累，生活的本来面目就是这样的么？不，不是的。生活是一连串的问题，解决了一个就会马上出现另一个，让你应接不暇，没有时间去品味生活的滋味。所以，如果要快乐，首先要给心灵松绑。

一是学会与自己快乐相处，倾听自己内心的呼声。知道自己内心渴求的是什么，不要压制它，让自己的心灵时时充满欢乐，并常常拂拭心灵上的尘土，给自己疲惫不堪的心灵做做按摩，以使身心得到细致的保养。让自己静下心来，回忆一下走过的路、说过的话，以及那些被久置在角落的事情。我们可以把曾经的付出、曾经的经历、曾经的失败当作成长的学费，调整心态，无论实际年龄如何，都要拥有一颗年轻而活力十足的心，想好我们下一步的跨度，然后再稳健地跨出去。

新东方创始人俞敏洪曾说："有一次，我在往黄河边上走的时候，灌了一瓶子水，大家都知道黄河的水特别浑，后来我把它放在路边，大概过了一个小时，我非常吃惊地发现，一瓶水的四分之三已经变得非常清澈了，只有四分之一是沉淀下来的泥沙。假如说我们把这瓶水的清水部分比喻成我们的幸福和快乐，而把浑浊的泥沙比喻成我们的痛苦，你就会明白，当你摇晃一下以后，你的生命中整个充满的是浑浊，也就是充满痛苦和烦恼，而当你把心静下来后，尽管泥沙总的分量一点都没有减少，但是它沉淀在你的心中，因为你的心比较沉静，所以就不会被搅和起来，你生命中的四分之三就一定是幸福和快乐。"

二是培养个人的兴趣和爱好。你可以绘画、打球、听音乐、弹吉他、练书法……只要有一种愉悦满足的感觉就行了。葛拉西安在《智慧书》中告诉我们："贤者脱离忧虑和窘困，并且显示出对自我的控制。"

你不一定要把这些事情做得多好，因为你的目的是为了调节心情，否则就是陷入"泥沼"。你还可以在自己的能力范围内帮助别人，培养无私的奉献精神，这些都是很好的事情。你可以大胆地和异性朋友交往，没有对象的也可以大胆勾勒形象美好的对象。别人拥有的东西，为什么你不能拥有呢？

每个人都有自己的兴趣爱好，古今中外，不论是奋斗终生的政治家，还是久战沙场的军事家，也不论是治学严谨的科学家，还是造诣高深的艺术家，他们的生活都不是单调乏味的，而是有着各种各样的兴趣爱好，有着充实的精神生活。

列宁喜欢打球、滑冰，陈毅擅长写诗、下围棋，爱因斯坦则钟情于小提琴。我们提倡培养和发展健康文明的兴趣爱好。

阅读，这几乎是对社会进步有所建树的杰出人物的共同爱好。马克思说他最喜欢的事是“啃书本”。高尔基在谈到他对书有浓厚兴趣时说：“我扑在书本上，像饥饿的人扑在面包上一样。”广泛阅读有价值的书籍，有助于培养高尚的情操，增长知识。

健康的音乐可以陶冶人的情操，启迪人的智慧。中国杰出的科学家钱学森这样评价他的夫人蒋英：“她是女高音歌唱家，而且专门唱最深刻的德国古典艺术歌曲，正是她给我介绍了这些音乐艺术，这些艺术里所包含的诗情画意和对于人生的深刻理解，使我丰富了对世界的认识，学会了艺术的广阔的思维方法。”

跑步、做操、游泳、爬山等，不仅可以锻炼身体，增强体质，而且有利于培养勇敢顽强的品质。

爱好是你度过闲暇时间的一种有趣的方式，也是你寻求乐趣的一种活动。它就像一个任你选择的特殊的朋友，吸引着你，而你也喜欢它，并愿意为它花费精力。

如果你真的培养起一种爱好，它或许会伴随你的一生，让你时时为之自豪和沉醉，它也会时时带给你快乐，充盈你的生命，让你拥有一个富足的人生。

8. 别让浮躁毁了你

俗世浮华，繁花似锦，美妙里总是潜藏着让我们伤痛的理由，而伤痛的标签上永远只写着两个字：浮躁。

在商业社会，过多的欲望让我们变得越来越浮躁。浮躁就像是病毒，在社会的各个角落肆意传播。不少人拥有聪明的头脑，却始终无法做到做事专一，自身也缺乏坚定的意志，到最后一事无成。为什么会这样呢？因为在他们的心灵深处，总是有一种力量让他们茫然不安，让他们的内心无法宁静，这种力量其实就是浮躁。而浮躁正是影响他们事业获得成功、工作赢得快乐的最大敌人。在我们身边，这样的例子其实有很多。

几年前，万燕通过向亲朋好友借钱筹集了10万元，创办了一家服装公司。由于她能够准确判断，抓住市场机会，在公司成立的第一年，她就通过自己的努力取得了不错的成绩，公司规模也迅速扩大。在随后的一段时间，公司的发展一直稳中求胜，在业界也有了一定的知名度。作为公司的创业者，万燕对公司的未来充满信心。

然而，就在一次大客户的招标会上，万燕原以为凭着公司的实力肯定可以大获全胜，没想到半路杀出个程咬金，一家更强劲的竞争对手将这笔大订单横刀夺去，大大打击了万燕的自信心。也正是因为这件事，万燕产生了一种强烈的危机感，做事一向有条不紊、镇静自如的她开始被一种挥之不去的浮躁感所困扰。

在这种浮躁情绪的影响下，万燕开始对公司员工施加压力，要求员工不断加班加点，恨不得所有人都是干活的机器，不需要休息。除此之外，她还无休止地开会讨论公司的各种发展机会，不断对公司的发展策略进行改动，甚至企图在短时间内看到一定的成效。但是，让她感到失望的是，一切努力最后都没有达到预期的效果。而在她吹毛求疵的要求下，公司的创新精神也受到了重大打击，不要说业绩有什么大的提升了，甚至还没有招标以前优秀。同时，公司的员工整天诚惶诚恐，生怕做错事受罚，都抱着不求有功但求无过的心态。

万燕的浮躁情绪让整个公司氛围出现了人为的紧张，公司的高层主管在向她汇报工作的时候，也会尽量美化，而不会直言工作中真实存在的缺陷与危机。更为糟糕的是，公司的几名核心骨干由于无法承受万燕的“高压”政策，居然辞职了，使公司的发展受到了严重的影响。

在这个故事中，万燕迫切渴望成功的欲望引发了她的浮躁，而她的浮躁最后又成为公司业绩直线下降的导火索。对待员工，万燕缺乏良好的心态，甚至有的时候表现得非常苛刻，最后导致公司濒临倒闭。

身处浮躁的社会，我们想要得到的东西太多，但最后要么一无所得，要么是得到了又失去。托尔斯泰说：“幸福的家庭总是相似的，但不幸的家庭却各有各的不幸。”换句话说，幸福的人生总是相似的，而不幸的人生常常有不同的缘由，浮躁便是其中之一。

当我们贫困时，渴望能够富有，而当我们富有时，却总是怀念往日的苦难；当我们失去时，渴望重新得到，而当我们得到时，又发现其实一无所有；当我们失意时，渴望在成就中得到满足，而当我们成功时，却总是发现自己已经无所适从。我们的生活太容易变异，我们也太容易冲动，所以总是追求那并不快乐的快乐，人生的路走走停停，不知不觉间就迷失了前进的方向。

大学毕业时，小周对于从事什么行业并没有特别的想法。由于求学时期经济窘迫，他唯一的工作方向就是一切向“钱”看。因此，毕业后的五六年，他几乎是每年换一份工作。他先是在某公司当文秘，一年后保健品很红火，他又应聘到一家保健品公司去当推销员。没干多久，保健品不行了。这时，有个朋友拉他去一家营销策划公司，月薪还不错。于是，他第二天就去上班了。

有一次，大学同学搞聚会，他碰到了以前的一个老同学，这个同学开了一家贸易公司，从南方倒腾一批热门小商品到所在的城市卖，短短几年，居然发展得还不错，“钱”景看好，正需要帮手。小周毫不犹豫地加盟了同学的贸易公司。半年以后，公司生意转淡，他又去了一家广告公司。没过多久，他发现广告行业竞争实在是太激烈了，于是又去了一家报社当记者……

这样折腾来折腾去，虽说赚到了一些小钱，物质生活也得到了一些改善，但每每静下心来，尤其是夜深人静的时候，他常常怅然若失，觉得自己这么多年来一事无成，总找不到做事业的感觉。

在灯红酒绿下，在行色匆匆中，在激烈的竞争下，在残酷的淘汰中，在物价上涨工资不变的窘境下，在欺骗隐瞒人心不古的商场中，很多人都确确实实地感到这个社会越来越浮躁了。

生活随心所欲地将我们抛进滚滚红尘，任由我们自己浮浮沉沉。我们喜欢喝浓而苦的咖啡，喜欢驾着马力十足的小汽车飞驰于高速公路，喜欢在霓虹灯下夜夜笙歌。但生活也许更需要一杯清茶，更需要乡间小路的漫步，更需要静夜下的一轮明月。因为每一个浮躁的人，都有一颗更加容易受伤的心。我们追求单纯而刺激的生活，追求随性自由的人生，然而生活可以简单，但绝不是随便地粗制滥造；生活可以随遇而安，但绝不是草率地随波逐流；生活也可以自由，但绝不是肆无忌惮地为所欲为。世界熙熙攘攘，人生浮浮沉沉，我们习惯了匆匆而来匆匆而去，所以往往活得很累，注定一直受伤。

浮躁是人生游戏规则的制定者。我们选择了轻松，工作却飘飘荡荡，一场虚空；我们选择了负重，人生又难以呼吸，有不可承受之痛。其实，人生不在于做出什么样的选择，而在于用什么样的心态去做出选择。心境淡定的人，生活总是如轻风一般惬意，只轻轻划过脸庞，无伤也无痕；而浮躁的人哪怕是俗世的一粒浮尘也能穿心而过，留下一个最卑微的伤口。我们之所以忧郁、彷徨、悲伤，之所以会不知足、不放下、不自知，就是因为太过浮躁。我们渴望构建一个最美好的生活框架，但是最美好的生活并不来源于外物，而是来自于我们内心的体验。

人世不过是一指浮华，抓不住的虚无，消不去的暗伤，所以任他繁华喧嚣，唯我心依然淡定。

9. 让急功近利的心着陆

生活如同迷宫一样让人迷失，各种各样的诱惑时刻在考验着我们，如果定力不够，难免在金钱、利益、情欲中挣扎、困惑，甚至痛苦不堪。一个人奢望太多，欲求太多，心智自然就迷失了，失去了正确的生活方向。

有这样一个传说：在一座小城中，有一位老僧人，每天天一亮就起来扫地，从寺内扫到寺外，从大街扫到城外，天天如此，数十年如一日。

后来，军阀孙传芳的部队在小城中驻扎时，有一位军官被老僧人的善举所感动，执意拜在老僧人门下为弟子，每天也是拿着扫把，跟在老僧人身后扫地。老和尚心中自是了然，于是给他唱了一首歌：

扫地扫地扫心地，

心地不扫空扫地。

人人都把心地扫，

世上无处不净地。

后来，老和尚圆寂了，但小城中的人却无人知道他到底活了多少岁。过了若干年，一位长者走到城外的一座小桥上，看到桥石上刻着字，字迹经过风吹雨打已模糊不清。老者仔细辨认，才知道石上刻的是老僧人的传记。根据推算，老僧人终年 137 岁。

有人说这是一个传说，也有人说这是一个真实的故事，但这都不重要。重要的是，老僧人的这分淡然，不仅为小城扫出了一片净土，更扫除了他内心的浮躁，从而扫出了百岁高寿，扫出了一生心安事顺。

古人言："神静而心和，心和而形全；神躁则心荡，心荡则形伤。"心浮气躁，就会使人迷失心智，难以做出正确的判断，无法平心静气地做自己想做的事。有人急功近利，有人随波逐流，有人患得患失，有人怨天尤人，结果弄得自己苦不堪言。只有戒骄戒躁，脚踏实地，才能不受外界影响。

要想抛弃浮躁，首先要摒弃非分之想。我们都曾梦想一鸣惊人、一步登天，都怨恨自己职位低、收入少，但却不能客观地审视自己的能力，客观地看待梦想与现实。虚妄的梦想，看似是心态问题，实际上是世界观、人生观、价值观的问题。这些人或为名所累，或为利而忧，或以享乐为追求，去追逐那些不现实的梦想。

日本历史上产生过两位伟大的剑手，一位是宫本武藏，另一位是柳生又寿郎，而柳生又寿郎正是宫本武藏的徒弟。

柳生又寿郎少年时放荡不羁，不肯接受父亲的教导专心习剑，还做出了种种错事。父亲一气之下，就把他逐出了家门。

受了这个刺激的柳生，发誓要成为一名伟大的剑手给父亲看看，于是就独自跑去见当时最负盛名的宫本武藏，要求拜师学艺。

宫本武藏见他资质不错，就收下了他。这时，柳生热切地问道："师父，假如我努力地学习，需要多少年才能成为一流的剑手?"

武藏说："你的全部余年!"

"我不能等那么久，"柳生更急切地说，"只要您肯教我，我愿意下任何苦功去达成目的，甚至当您的仆人跟随您。那需要多久的时间?"

"那，也许需要10年。"宫本武藏说。

柳生更加急了："哎呀！家父年事已高，我必须要他在生前就看见我成为一流的剑手。10年太久了，如果我加倍努力学习，需要多久?"

"嗯，那也许要30年。"武藏缓缓地说道。

柳生急得快哭出来了，说："如果我不惜任何苦功，夜以继日地练剑，需要多少时间?"

“哦，那可能要 70 年。”武藏说，“或者这辈子再也没有希望成为剑手了。

此时，柳生心里纠结着一个大疑团：“这怎么说呀？为什么我越努力，成为第一流剑手的时间就越长呢？”

“欲速则不达，”武藏平和地说，“练剑要讲求自然平和，急功近利则偏离了大道。”

去贪欲之念，戒浮躁之心，弃非分之想，这不仅会让我们心安，更能让我们事顺。当我们安贫若素，处乱不惊，静静地走过生活的长河，心安气定就会帮助我们开启智慧之门，离幸福越来越近。

一个人的心态是什么样，他的世界就是什么样。天气燥热，心静则万物宁；物欲横流，心淡则肝火息；人际杂乱，心平则万事宁。如果你希望自己的生活一切顺利，就应从现在开始调整心态，去感受花花世界中的真本色，感受喧嚣社会里的淡泊，从而找到心灵深处的安宁。

10. 静心才能无欲，止水方能坦然

佛祖说："一花一天堂，一草一世界。一树一菩提，一土一如来。一方一净土，一笑一尘埃。一念一清净，心是莲花开。"心若是宁静，就能够听见平时难以感知的声音，静心能够让我们耳清目明。其实，世界上的一切事物都是可以感知的，很多时候，并不是世界不够安静，而是我们的心灵太浮躁，常常被外界的事物干扰和诱惑。

我们生活的世界不会对一个心静的人喧嚣，也不会对一个心静的人沉默。我们的心总是被周围的环境所控制，被我们个人的遭遇所侵扰，处于一种紧张和抗拒的不安全状态。心的不自由所带来的痛苦远远胜于痛苦本身，保持心灵的宁静成了远离烦恼的最佳方法。当浮华褪尽，我们就能清楚地听到生活的低语和悠扬。只有内心安静的人，才能够在喧嚣的世界中找到自己正确的人生方向。

印度诗人泰戈尔说过："给鸟儿的翅膀缚上金子，它就再也不会直冲云霄了。"变化无穷、五光十色的大千世界，总是充满诱惑，在人们的内心激起波澜，原来澄澈、纯净、安宁的内心也会变得喧哗、浮躁和功利，从而迷失方向。心宁智生，智生事成。平心静气、心无杂念是成功的重要条件。

刘师傅是一个有着二三十年屠宰经验的人，长年累月的积累，使他练就了"一刀准"的绝技。对此，顾客们交口称赞，刘师傅的名气也越来越大。

有一次，当地电视台举办“奇人绝技”挑战赛，大家都劝刘师傅去将“一刀准”的绝技展示一下，都说大奖非他莫属。刘师傅兴致勃勃地前去比赛。比赛的时候，主持人说：“现在请刘师傅给一刀切三斤四两肉，如果切得丝毫不差，那一万元奖金就属于刘师傅了！”

刘师傅点点头，小心翼翼地拿起了刀，但却迟迟不下刀，他额头上渐渐渗出了细细的汗珠。过了好一会儿，在主持人的一再催促下，王师傅才咬咬牙，一刀切下去。结果，在电子秤上一称，比要求的重量多出了二两。

一万元奖金，扰乱了刘师傅的心，使他难以发挥出自己真正的水平。

有个女人一直想知道自己究竟长什么样，于是趴在河边看自己在水中的倒影。由于总是有微风吹过，河面经常泛起涟漪，她根本无法看清自己的样子。她很生气，于是就使劲拍打水面，这样一来，水面的波纹更大了，越发看不清楚了。佛祖看到这一幕，笑着对她说：“你这样是无法看清自己的，你的心如果足够安静，就不该去拍打水面，水也需要足够安静。你为什么不找个水盆盛满水再来看呢？”

生活中，我们常常会像那个女人一样，心浮气躁地拍打映照自己人生的水面，使得映出的影像支离破碎。心静是一种气质，一种修养，一种境界。

姜子牙古稀之岁垂钓渭水 3 年，风雨无阻，静以待机，终“钓”得周文王，辅佐周王剿灭商纣，成就 300 年大业——他是在渭水河畔静心；诗人屈原求学时每天都要到离家几里外的幽深山洞中静读，忍受寂寞，日积月累，终于写下《天问》《离骚》等绝世之作，受人敬仰——他是在乡间山洞中静心；诸葛亮躬耕南阳，隐居深山，目的在于沉静思考，专一不杂，静观天下之变，足不出户而知天下事，才有了名闻天下的“隆中对”，最终辅佐刘备三分天下——他是在坡上茅庐里静心。

姜子牙、屈原、诸葛亮都是通过静心，成就了事业，升华了人生，实现了理想，创造了辉煌。静与动相对，不动心则为静。静心于己，就是任社会再浮躁、环境再嘈杂、工作再烦琐，都要做到“心静如止水”，见五光十色而不眼花缭乱，遇名利竞逐而不心神不宁。

诸葛亮说：“非淡泊无以明志，非宁静无以致远。”只有把理想和追求树得高一些，把功利和享受看得淡一些，才能置身于喧哗的世界却依然坚守心灵的一方净土；宠辱不惊，独善其身，才能面对世间的种种诱惑而心平如镜不泛起一点涟漪，凝神专注，心无旁骛。

第八章　抛开心结，宽容待人万事顺

抽刀断水水更流，举杯消愁愁更愁。好也是一天，坏也是一天，不如抛开心结，让自己从痛苦中获得解放，让心灵重新获得自由。人生就如两张椅子，一张是爱和欢乐，另一张是苦恼和负累。我们无法同时坐在两张椅子上，只有舍弃后者，我们才能稳稳地坐在快乐的椅子上，享受轻风拂面、畅达快意的人生。

1. 嫉妒是一把刀，伤人又伤己

有人问亚里士多德，为什么心怀嫉妒的人总是心情不好？亚里士多德回答："因为折磨他的不仅是他自身所受的挫折，还有别人的成就。"

在现实生活中，嫉妒是一种极端消极和狭隘的病态心理，是人际交往中的一种心理障碍，它会使人变得卑下、猥琐，甚至故意伤害他人。嫉妒会使人怨天尤人，失去理智，不再懂得公正待人。它会限制人的交往范围，压抑人的交往热情，甚至会反友为敌。

塞万提斯曾经说过："嫉妒者总是用望远镜观察一切。在望远镜中，小物体变大，矮子变成巨人，疑点变成事实。"嫉妒会使人怀着仇恨的心理和愤怒的眼光去估量他人的成功，而嫉妒者本人也在这种危险的情绪中受到极大的心理伤害。在中国古代，庞涓嫉妒孙膑、李斯嫉妒韩非子、潘仁美嫉妒杨令公等，都是害人又害己。由此可见，嫉妒别人的人自己也无法过上快乐的日子！

几年前，北京市海淀区法院曾经判过这样一个案子：

某名牌大学心理学系的一位女研究生，将同宿舍的一个同学推上了被告席。原告与被告以前关系不错，堪称该系的一对姊妹花；同时两人的成绩不相上下，因此也在暗中较劲。到第三年的时候，两人都参加了托福和GRE 考试。原告成绩较理想，遂向美国一所著名大学提出申请，不久被告知每年可获得近两万美元的奖学金。原告高兴万分，等着校方的正式录取通知。被告考砸了，看到原告整天兴高采烈的模样，心中更加不快。她越想越有气，就生出了一条毒计。

原告左等右等，迟迟不见正式通知的光临，就托在美国的同学去该校打听，校方说曾经收到她发来的一份 E-mail 表示拒绝来该校，因此只好将名额转给别人。原告闻此消息，如五雷轰顶，冥思苦想这到底是怎么回事。后来，她多方调查，才发现是被告盗用了她的名义，在心理系的机房发了一封拒绝函。原告怀着愤怒的心情，将此事诉诸法庭。

在这个故事中，我们会发现，嫉妒是一把双刃剑，既伤害了自己，又伤害了别人。当好运降临到别人头上，你本该替对方高兴，但是你没有。你的好朋友在抽奖中获得两张去夏威夷的往返机票，你假装很为他高兴；或者看到一个刚刚订婚的朋友手上戴着她富有的未婚夫买给她的 3 克拉大钻石，你表现出惊讶和赞叹。实际上，你心如刀绞，对他们的幸运嫉妒不已。

嫉妒的感觉可以这样逼真地描述：如果一个朋友获得成功，你身上的某一小部分就死去了。这就是声名狼藉的“自恋情结”。听到别人的好消息，你的第一反应是惊讶和愤恨，“为什么不是我？”如果当时就照镜子，你会看到自己嫉妒时的表情是咬牙切齿，呼吸困难，笑容僵硬。更糟糕的是，你会因此失去一切好心情，因为“嫉妒”是一种非常痛苦的情绪。那么，该如何熄灭妒火呢？下面是美国一位拳击手所讲的故事：

我深深记着刚开始在埃德·帕克的武馆里训练时的情景。有一次，我正在练习拳击，对手的技术要好些，为了弥补自己技术和经验的不足，我试图使诈，想轻易得分。但我还是被远远地超过了，对抗结束后，我很沮丧。武馆教练帕克把我请到他的办公室，问我：“你为什么不高兴？”

“因为我得不了分。”

帕克从桌子后面站起来，拿了一支粉笔，在地上画了一条长 5 英尺的线。“你看怎么才能把这条线弄短？”他问道。

我端详了一阵后，给了他几个答案，说把线截成好几段。他摇摇头，又画一条线，长过第一条：“现在你再看原来那条线怎么样了？”

“短了。”我说。

帕克点点头说："提高、增长你自己的线，总比切断对手的线要强。"

就像哲人所说的那样：美德犹如耳鸣。确实，有一种声响，自己听到就足够了。如果别人得到了一团叫做"不遗憾"的火，就请你微笑着将自己手中那一块叫"遗憾"的冰递过去，冰融的时候，你的心注定会转暖。自己不曾拥有，就快乐地欣赏别人的拥有，不让日子沦于暗淡，不让心绪陷于颓丧，这是需要我们一生的努力的。

要想摆脱嫉妒，作为生活在现代文明中的人，就得像你已经扩展了大脑一样，扩展自己的胸怀，并且学会超越自我，在超越自我的过程中找到让灵魂安宁的妙招！

2. 包容别人也是善待自己

生活中，快乐和痛苦经常交替出现。当痛苦袭来时，试着把悲痛与怨恨抛到身后，乐观地向前，不是为别人，而是为自己。因为人的心就像一所监狱，如果深陷其中无法自拔，成为了自己的囚徒，这才是最大的痛苦。宽恕别人，就是最大限度地爱自己。

“一只脚踩扁了紫罗兰，它却把香留在了脚跟上，这就是宽恕。”原来，有关宽恕的诠释可以这样优美而令人感动。

每个人都会犯错误，你也一样，如果执着于别人过去所犯的错误，就会形成思想包袱，开始对人不信任，对事情耿耿于怀，什么都放不开，这样的情绪不仅伤害自己，同时也伤害别人。或许对方已经想对你表示歉意，但你的“坚持”却让双方两败俱伤。

1998 年 8 月的一天，当希拉里的丈夫、美国总统克林顿向她承认自己和莱温斯基有过不正当关系时，她愤怒得像头狮子，冲着他大吼大叫。回忆当时的心情，希拉里在回忆录中这样写道：如果仅作为他的妻子，我真恨不得扭断他的脖子，但他不只是我丈夫，他同时也是美国的总统。无论如何，他领导美国体现出的风范依然让我敬佩。

希拉里最终宽恕了自己的丈夫，她以常人难以想象的毅力控制住自己的情绪，利用工作、假期旅游、向朋友倾诉、阅读和散步等方式抚平内心的伤痛，化解难言的愤怒，重新拾起生活的信心，投入到自己所热爱的事业中去。

一位好莱坞女演员失恋后，怨恨和报复心使她的面孔变得僵硬而多皱，她去找一位最有名的化妆师为她美容。这位化妆师深知她的心理状态，中肯地告诉她："如果你不消除心中的怨恨，我敢说全世界任何美容师都无法美化你的容貌。"

在怨恨中，没有人是赢家。长期将怒气闷在胸中燃烧，只会灼伤自己。对别人的过错耿耿于怀，只能毒害自己的灵魂。

证严法师曾经说过一句话：原谅曾经伤害过你的人，也要做一个不轻易被伤害的人。很多时候，我们要给自己的生命留下一点空隙，就像两车之间的安全距离，一点缓冲的余地，可以随时调整自己，进退有据。打桥牌时要把我们手中所握有的这副牌，不论好坏，都要把它打到淋漓尽致；人生亦然，重要的不是发生了什么事，而是我们处理它的方法和态度，假如我们转身面向阳光，就不可能陷身于阴影里。我们把花送给别人时，首先闻到花香的是我们自己；我们抓起泥巴想抛向别人时，首先弄脏的也是自己的手。一句温暖的话，就像往别人的身上洒香水，自己也会沾上两三滴。

所以，当别人伤害你的时候，不妨尝试换个情绪，不要对造成这件事的人愤怒，也不要对错了的事愤怒，而是用宽容之心去遗忘这件事。如果你一直沉浸在对别人的愤怒中，整天想着得罪了自己的人，必定会影响到自己的情绪，甚至影响自己的健康。如果对事情愤怒，你可以对自己说，事情已经发生过了，就忘了，让它过去。任何想法都有其缘由，任何事情也都有其根源，当你能够设身处地理解对方的想法，那么即使原本再难接受的事情，或许都能解决得了，因为那时候你已经能用一种包容的心去看待人或事了。

当你试着按以上所说的去做，你就可以掌握什么是宽容，并学会宽容，让自己少一些愤怒，做到心境平和。

3. 忘记恩怨，让爱回归

有时，人生并不如我们所想象的那样充满诗情画意，那么快乐自在。生活中难免会有痛苦与忧伤，如果将这些东西都存储在我们的记忆之中，人生就会越来越沉重，越来越悲伤。

当你回忆往事，你会发现，一生中美好快乐的体验往往只是一瞬间而已，占据很小的一部分，而大部分时间则伴随着失望、忧郁和不满足。这个时候，聪明地学会遗忘是一件非常幸福的事情。

有些人对别人给予的好处视而不见，对自己的不利却耿耿于怀。殊不知，记住别人对我们的恩惠，洗去我们对别人的怨恨，才能在人生的旅程中自由翱翔。

二战期间，一支部队在森林中与敌军相遇发生激战，最后 2 名战士与部队失去了联系。他们之所以在激战中还能互相照顾、彼此不分，是因为他们是来自同一个小镇的战友。两人在森林中艰难跋涉，互相鼓励、安慰。10 多天过去了，他们仍未与部队联系上，幸运的是，他们打死了一只鹿，依靠鹿肉又可以艰难度过几日了。但也许是因为战争的缘故，动物四散奔逃或被杀光，这以后他们再也没有看到任何动物。仅剩下的一些鹿肉，背在年轻战士的身上。这一天，他们在森林中遇到了敌人，经过再一次激战，两人巧妙地避开了敌人。就在他们自以为安全时，突然一声枪响，走在前面的年轻战士中了一枪，幸亏是打在肩膀上。后面的战友惶恐地跑了过来，他害怕得语无伦次，抱着战友的身体泪流不止，赶忙把自己的衬衣撕开，包扎战友的伤口。

晚上，未受伤的战士一直念叨着母亲，两眼直勾勾的。他们都以为自己的生命即将结束，谁也没动身边的鹿肉。天知道他们是怎么过的那一夜。第二天，部队救出了他们。

事隔30年，那位受伤的战士安德森说："我知道是谁开的那一枪，他就是我的战友。他去年去世了。当他抱住我时，我碰到了他那发热的枪管，但当晚我就宽恕了他。我知道他想独吞我身上带着的鹿肉活下去，但我也知道他活下来是为了他的母亲。此后30年，我装着根本不知道此事，也从不提及。战争太残酷了，他的母亲还是没有等到他回来，我和他一起祭奠了老人家。他跪下来，请求我原谅他，我没让他说下去。我们又做了二十几年的朋友，我没有理由不宽恕他。"

懂得忘记仇恨的人，他的人生就像一条缓缓流动的河流，充实而自信。忘记意味着不屈卑，挺直腰板面对面前高高在上的人；忘记也意味着不倨傲，平平和和地善待弱小。即使地位卑微照样可以活得坦坦荡荡，即使身在高处也不必独自舔尝孤寂之苦。

一个年轻人在订婚当天遭受了巨大的羞辱——当他沉浸在亲朋好友的祝福声中时，他的女友却牵着另一位年轻小伙的手对他说："对不起，我觉得我们在一起不会幸福。"正沉浸在幸福中的他不禁呆若木鸡，在众人诧异的目光中直想找条地缝钻进去。

整个小镇都知道了他的事情。在订婚的良辰吉日被心爱的姑娘抛弃，这是何等的耻辱！年轻人决定逃离小镇，他从家乡来到南方，发誓将来一定要风风光光地回到家乡，找回自己丢失的尊严。

当他再次回到家乡时，已经过去了28年。当年负气出走的年轻人已经鬓角发白，并且成了一家企业的总经理，在全国各地拥有好几座商厦。回到家乡的第二天，有位老朋友问他："你还记得朵朵吗？"他笑着说："当然记得，当年她差一点成了我的新娘。"他的话里满是轻松，没有丝毫的怨恨。"当初她带给了你莫大的羞辱，自己也没有好下场。这些年来，她一直生活在贫困潦倒之中，靠着亲戚们的救济艰难度日。因为她生不了孩子，听说男的和她离婚走了，到现在她还是只身一人，真是悲哀。上帝惩罚了她对你的背叛！”朋友本以为他听到当初背叛自己的人下场如此悲惨会感到高兴，没想到他却说：“我很难过，上帝不应该惩罚她。我这里有6万块钱，请你转交给她。不要告诉她是我给的，以免她以为我在羞辱她而拒绝。”

“你真的对朵朵没有丝毫怨恨吗？当初她可是让你丢尽了脸。”朋友用质疑的语气问道。

“如果有怨恨，那也是28年前的事情了。如果这些年我一直对她怀有怨恨，那我岂不是在怨恨中生活了28年，那对我有什么好处呢？就像我提着一袋死老鼠去见你，那一路上闻着臭味的岂不是我自己？怨恨就是一袋死老鼠，最好把它丢得远远的。”说完，他从包里拿出钱来递给朋友，然后说：“希望这些钱能帮助她摆脱困境，生活得好一点。”

是的，背负怨恨是相当沉重的，怀恨在心，可能伤害别人，但埋藏在心中的怨恨，一定会先伤害自己。所以，我们不妨原谅那些曾经伤害过自己的人，丢掉怨恨那一袋死老鼠，澄清自己的心灵去感受愉悦的芬芳。

4. 唯宽可以容人，唯厚可以载物

生活中，要想彻底敞开彼此的心扉，要想享受终生的爱，有一个重要的技巧，那就是宽恕。真正的宽恕要承认错误已经发生，然后再肯定犯错的人仍然值得被人尊重、被人所爱。它并不意味着宽恕或赞同那种错误的行为。

在婚姻关系中，如果我们不能做到宽恕，那么爱恋之情在婚姻存续期间就会受到程度不同的限制。我们可以仍然去爱自己的伴侣，但那爱将不那么炽烈了。如果夫妻双方只有一个人的心理产生阻塞，那么它对夫妻关系的影响会小得多。宽恕的意义就在于摆脱对婚姻关系的伤害。宽恕可以使我们重燃爱恋之火，使我们坦诚地付出并接受彼此的爱。闭锁的心灵是无法付出爱，也无法接受爱的。

你对某人爱之愈深，当你不原谅他时，你承受的痛也就愈大。许多人由于不能原谅自己的爱人，那种痛苦的折磨甚至会使他们自杀。在我们所能感受到的痛苦中，最大者莫过于不能去爱自己所爱的人。这种痛苦的折磨会使人发疯，使人丧失理智并采取暴力行为。正是这种欲爱不能的痛苦，使许多人一步步走向了堕落、颓废和暴戾。

我们陷于痛苦和怨恨中不能自拔，其原因不在于不能去爱，而在于不能去宽恕别人。爱恋之心愈深，不能宽恕恋人所带来的痛苦也愈重。

沈殿霞当年是红透香港的金牌司仪，与名不见经传且饱受生活打击的郑少秋一见如故，她不顾舆论的压力，全力扶持郑少秋的事业并安慰他的情感，在与他同居9年后毅然和他登记结婚，且不惜冒着生命危险为他怀孕生女，然而，他们的女儿来到人世还不到2个月，郑少秋便移情别恋。10年情感一朝云散，最终以沈殿霞遭到沉重打击而宣告结束。

多年以后，沈殿霞在TVB主持的谈话节目《掌场背后》开播，第一期节目的第一位嘉宾竟然是郑少秋。二人相对而坐，待节目结束时，沈殿霞突然很意外地问郑少秋：有个问题好久前就想问你了，今天借这个机会问你一下，你只需回答Yes或是No就行，这个问题就是究竟在多年以前，你有没有真心地爱过我？郑少秋听后，几乎只是稍加思索，便坚定而认真地回答：我真的好爱你！此言一出，沈殿霞立刻泪流满面，随即那幸福的笑容便荡漾在她那迷人的脸上，仿佛历经多年的苦难和恩怨都在“我真的好爱你”这6个字中烟消云散了。

是啊，宽恕伤害自己的人是困难的，但能做到这一点的人却是高贵的。沈殿霞以女性不多见的博大胸怀宽恕了曾经伤害她的人，也为自己创造了一个融洽的人际环境，她这种化诅咒为祝福的智慧确实令人惊叹。

所以说，宽容意味着一个人的自爱达到了能够使自己做到诚实、开朗，在生活中保持乐于进取的程度，那宽容就是善意的理解和理解之后的爱和关怀；所以说，宽容的伟大在于发自内心，真正的宽容是真诚的、自然的；宽容是一种充满智慧的处世之道，吃亏是福，误解、谩骂、忘恩负义，都不去计较，这种吃亏其实是一种宽容的智慧，以一种博大的胸怀和真诚的态度去宽容别人，就等于送给了自己一份神奇的礼物；宽容别人带来的愉快本身是至高无上的，它使我们认识到自己值得受到的宽容，也使我们认识到没有宽容之心的人是有缺陷和危险的。

记住，如果你无法宽恕，唯一痛苦的人只会是你自己，因为怨恨和气愤是附着在你身上的，宽恕让你从痛苦中获得解放。所以，如果你想要得到快乐，宽恕是必经之路。试想一下，如果你的心里充满了恨，如何还有空间再容下爱和快乐呢？宽恕能让你的心灵获得自由，并容许爱和快乐进驻内心深处。就像有两张椅子，一张是爱和快乐，另一张是气愤，你无法同时坐在两张椅子上。你只有在释放了批判和愤恨之后，才有可能体会到快乐和欢愉。

5. 面对是非，一笑而过

“宠辱不惊，看庭前花开花落；去留无意，望天上云卷云舒。”短短22个字，道出了一种悠远美妙的意境，表现的却是处世时难得的开阔心境。人生本就有荣辱相随，悲欢离合亦在所难免。倘若处处留心，时时在意，岂不是要与黛玉同命？因此，虽为红尘人，却须让自己有一份超凡心、糊涂心，让一切顺其自然，宠辱不惊，去留无意。

所以，当你凭自己的真才实干获得荣誉、奖赏、爱戴、夸耀时，仍然应保持清醒的头脑，保留自知之明，切莫受宠若惊，飘飘然，自觉豪光万丈，别人“给点阳光就觉得灿烂”。

宠辱不惊，当如阮籍所云“布衣可终身，宠禄岂可赖”。一切都不过是过眼烟云，荣誉终究会成为过去，不值得夸耀，更不足以留恋。有一种人，虽然肯于辛勤耕耘，但却经不住玫瑰花的诱惑，有了点荣誉、地位就沾沾自喜，飘飘欲仙，甚至以此为资本，争这要那，不能自持。更有些人“一人得道，鸡犬升天”，居官自傲，横行乡里，这种人将宠禄看得太重，所以必会在受辱时难以重新振作，唯有宠辱不惊者才可泰然久处于世。

日本有一位白隐禅师，他的故事在世界各地广为流传。故事讲的是：

有一对夫妇在住所的附近开了一家食品店，家里有一个漂亮的女儿。有一天，这对夫妇无意间发现女儿的肚子无缘无故大了起来，女儿做了这种见不得人的事，让他们异常震怒，在他们的一再逼问下，女儿终于吞吞吐吐地说出“白隐”两个字。

她的父母怒不可遏地去找白隐理论，但这位大师对此不置可否，只是若无其事地答道："就是这样吗?"孩子生下来就被送给白隐。此时，白隐虽然名誉扫地，但他并不以为意，只是非常细心地照顾孩子——他向邻居乞求婴儿所需的奶水和其他用品，虽不免横遭白眼，冷嘲热讽，但他总能处之泰然，仿佛是受托抚育别人的孩子一样。

事隔一年之后，这位未婚妈妈终于不忍心再欺瞒下去了。她老老实实地向父母吐露真情：孩子的生父是一个卖鱼的青年。她的父母立即让她到白隐那里道歉，请求原谅，并将孩子带回。白隐仍然是淡然如水，只是在交回孩子的时候，轻声说道："就是这样吗?"仿佛不曾有什么事发生过；即使有，也只像微风吹过耳畔，瞬时即逝。

为了给邻居的女儿以生存的机会和空间，白隐代人受过，牺牲了为自己洗刷清白的机会。在人们的冷嘲热讽下，他始终处之泰然，"就是这样吗?"这平平淡淡的一句话，就是对"宠辱不惊"最好的解释。如果白隐当初不能糊涂地对待受辱，事情的结果就可能成为另一种样子。

人生无坦途，在漫长的道路上，谁都难免会遇上厄运和不幸。人类科学史上的巨人爱因斯坦，在报考瑞士联邦工艺学校时，竟因 3 科不及格而落榜，被人耻笑为"低能儿"。小泽征尔这位被誉为"东方卡拉扬"的日本著名指挥家，在初出茅庐的一次指挥演出中，曾被中途"轰"下场，紧接着又被解聘。为什么厄运没有摧垮他们?因为他们始终把荣辱看做是人生的轨迹、人生的磨炼，假如他们对当时的厄运和耻笑不能泰然处之，也许就没有日后绚丽多彩的人生了。

19 世纪中叶，美国有个叫做菲尔德的实业家，他率领工程人员，想用海底电缆把欧美两个大陆连接起来。为此，他成为美国当时最受世人尊敬的人，被誉为是"两个世界的统一者"。在盛大的海底电缆接通典礼上，刚被接通的电缆传送信号突然中断，人们的欢呼声立刻变为愤怒的骂声狂涛，都骂他是"骗子"、"白痴"。可是，菲尔德对于这些毁誉只是淡淡地一笑，不作任何解释，只管埋头苦干，经过多年的努力，他最终通过海底电缆架起了欧美大陆之桥。在庆典会上，他没有登上贵宾台，只远远地站在人群中观看。

菲尔德不仅是“两个世界的统一者”，而且是一个理性的战胜者，当他遭遇常人难以忍受的厄运时，能够通过自我心理调节，以糊涂的处世心态、客观理性的分析为基础，做出正确的抉择，从而在实际行为中显示出强烈的意志力和自持力，这就是糊涂做人的至高境界。

人的一生，犹如簇簇繁花，既有火红耀眼之时，也有黯淡萧条之日。面对成功或荣誉，我们要像菲尔德那样，不要欣喜若狂，也不要盛气凌人，而应把功名利禄看轻些，看淡些；面对挫折或失败，要像爱因斯坦、小泽征尔那样，不要忧虑悲伤，也不要自暴自弃，而要把厄运羞辱看远些，看开些。这样就不会像《儒林外史》里的范进那样，虽中了举却惹出了祸端。

做人有时必须糊涂一点，这种糊涂不仅仅是在受辱时要糊涂一点，在受宠时也该糊涂一点。因为宠辱总有尽时，看得太重反而会成为一种负累。

6. 误解也是别人的一种理解

每个人在人生的旅途中，都难免会遇到别人的误解，也会有意或无意地误解别人。

遭到别人误解时，心里感觉委屈是很正常的。误解太过分时，也会感到愤懑，激动之下自会萌发要去讨个说法，还原事情真相，洗去冤屈的冲动。

但是，人生就像一条河流，有舒缓怡然的平静的时候，也有奔流而下波涛汹涌的时刻。如果只有碧波荡漾的平稳，没有激起美丽浪花的跌宕，不能算是完整完美的人生。所以，无论面对什么流言和误解，我们都要学会宠辱不惊，这才是坦然大度的活法。谣言止于智者，息谤得于无言。

孔子一生颠沛流离，其学说政见难为当权者所接受，而其为人也常遭人误会。邻居不理解他，称之为“东家之丘”；郑国人称他“累累（颓败、疲惫）若丧家之犬”。在迷津问路时，他还受到了农夫的嘲弄。就连小孩子也讥笑他“孰为汝多知乎”。但孔子好就好在他有博大的襟怀，能够坦然面对各种误会、嘲讽、指责，别人说他是“丧家之犬”，他则自嘲“然哉、然哉”。正是这种豁达的态度，使得孔子在挫折面前，没有选择屈原式的自戕，没有选择商容式的撞柱血谏，也没有选择伯夷叔齐式的逃遁山林，而是能够怀仁弘毅，一以贯之，百折不挠，坚忍不拔，乐观面对。

尼采说：“我们何须抱怨被误解，被曲解，被混淆，被中伤，被听错和未被人听到呢？这正是我们的命运啊，并且将会长期继续下去，说得保守点，也得延至1901年。不过，这也是对我们的奖赏呀，倘若我们希望别的，便不能保持自己的荣誉了！”

每个人都生活在人群中，有人的地方自然会有分歧，有了分歧该怎么办？很多人都喜欢争吵，非要论个是非曲直。其实这种做法并不明智，吵架既伤和气又伤感情，不如大事化小、小事化了。俗话说家和万事兴，推而广之，人和也万事兴。人际交往中切不可太认死理，有时装装糊涂，于人于己都有14利。

当然，按照常理，任何人都不会把过去的经历轻易地从记忆中抹去。就某些方面来说，人们有时会执着于一些事情，甚至终身不忘。但是，要知道，记忆中的怨恨会越积越多，随时随地都可能爆发，甚至酿成事端。因此，我们要学会让是非恩怨如东流的长江水一样一去不复返。《老子》一书中据此提出了“报怨以德”的思想。孔子也曾提出类似的话来教育弟子：“以直报怨，以德报德。”其含义均是教人处世时心胸要豁达，以君子般的坦然姿态应付一切。

《老子》一书中对如何不与别人发生冲突也作了阐述：

有一次，有个人去拜访老子。到了老子家中，他看到室内凌乱不堪，心中感到吃惊。于是，他大声咒骂了一通，随后扬长而去。翌日，他又回来向老子致歉。老子淡然地说：“你好像很在意智者的概念，其实对我来讲，这是毫无意义的。所以，如果昨天你说我是马的话，我也会承认的。因为别人既然这么认为，一定有他的根据，假如我顶撞回去，他一定会骂得更厉害。这就是我从来不去反驳别人的缘故。”

从这则故事，我们可以得到一些启示：在现实生活中，当与别人发生矛盾或冲突时，对于别人的批评，除了虚心接受之外，还要培养毫不在意的态度。人与人之间发生矛盾的时候会很多，因此一定要心胸豁达，不要为了一些不值得的小事去得罪别人。而且生活中常有人喜欢论人长短，在背后说三道四，如果听到有人这样议论自己，完全不必理睬这种人。只要自己能自由自在地按自己的方式生活，又何必在意别人说些什么呢？

伟大的革命导师马克思和恩格斯是志同道合的朋友、亲密无间的战友，他们之间也曾发生过误解。那一次，恩格斯的夫人去世了，他十分悲痛，就给好朋友马克思去信告知此事。当时，马克思正忙于理论研究，没有引起注意，回信时没有提及这件事。处于痛失爱妻伤心深谷的恩格斯，本渴望得到挚友的安慰和理解，马克思的忽视深深地伤害了他。很长一段时间，他都不再给马克思写信。马克思觉得十分纳闷，便写信询问恩格斯。恩格斯说明了情况，马克思才意识到自己的失误，连忙写信道歉。误解消除了，两人又和好如初，继续为革命事业共同携手奋斗。

朋友之间的误解可以通过解释来消除，亲人之间的误解也可以通过解释来消除，爱人之间的误解如果仅用解释不足以消除，那么就用实际行动去消除，实际行动最能说明一个人的诚意。所以，面对别人的误解，不要不好意思承认错误，死要面子没有任何好处。

7. 不求尽如人意，但求无愧于心

人非圣贤，孰能无过。无论你做什么事情，总会有人说你好，也会有人说你不好，但只要做人做事问心无愧，就不必执着于他人的评判，无须看别人的眼神，也不必一味讨好别人，否则只会让自己活得更累。当有人对你施不敬的言语，请不要在意，更不要因此而起烦恼。因为这些言语改变不了事实，却可能搅乱你的心。心如果乱了，一切就都乱了；当一切乱了，就有可能失去自我。

唐穆宗长庆元年（公元 821 年），礼部侍郎钱徽受命主持科举考试。任命一宣布，钱府就失去了往日的平静，登门请托者络绎不绝，甚至连当朝宰相段文昌也前来拜望。

钱徽一边客气地请段文昌入座，一边想，自己与他素无走动，此番大驾光临，一定又是为杨浑之的事。果然，段文昌在称赞了一番钱徽过人的才识之后，便转入了正题。他说："圣上命你主持科举考试，是为朝廷选取人才，一定不能有所遗漏啊！之前我曾经给你写过几封信，推荐杨浑之，想必你都收到了吧？"钱徽谦恭地回答说："为国取士，事关国运盛衰，下官深知责任重大。您身为国相，日理万机，还不忘为朝廷推荐人才，令人感动，我定然秉公办理，不负圣上和您的期望。"

杨浑之是前刑部侍郎杨凭的儿子。段文昌与杨凭虽然同朝为官，但并无深交，之所以为他的儿子说话，全看在几张字画的面上。原来，杨凭喜欢收藏书画古董，颇有几件价值不菲的珍品，恰好赶上儿子要参加科举考试，他对儿子的实力心知肚明，于是忍痛割爱，把几幅珍贵的字画送给了同样酷爱古玩的段文昌。段文昌本不想趟这浑水，可字画到了手里，一眼便看进了心里，欲罢不能之下，他又是写信，又是登门拜访，满心期望受人钱财，为人办事。

终于到了放榜之日，段文昌瞪大眼睛看了好几遍，也没找到杨浑之的名字。他不由得大怒，立刻觐见皇帝，弹劾钱徽说："这次科举，礼部没有本着公平公正的原则，所录取的人才都是学识浅薄的官宦子弟，应该予以严查。"

穆宗皇帝听信了段文昌的话，以"取士以私"的名义将钱徽贬为江州刺史。钱徽身边的人闻听此事，都非常气愤，找到他说："你手里不是有段文昌等人的书信吗？你应该呈给皇上看，他看了就会明白的。"钱徽回答说："不能这样。我只求无愧于心，得和失是一样的。做人要修身养性，谨慎行事，怎么可以拿私人书信去为自己作证呢？"随即命令子弟们将书信全都烧毁，然后收拾行装，到江州上任去了。

人们都为他感到惋惜，可熟悉他的人都知道，这是钱徽的一贯做派。

钱徽生在官宦之家，他的父亲是著名诗人钱起，官至尚书郎。钱徽进士及第后，被派遣到湖北谷城县当谋士。当时的县令王郢为了能升官，三教九流无不结交，经常用公款请客送礼，挥金如土，结果被举报，革职查办。观察使樊泽在处理此案时发现，县内大小官员涉案之人很多，只有钱徽一文不取，清廉如水，他大为惊异，便将钱徽召为自己的幕僚。

钱徽入朝后，担任太子侍从官。时任宣武地区最高军事长官的韩公武，想结交联络朝中的官员，以图日后发展，于是拿出大批银钱给各衙门的显要们送礼。钱徽的级别虽然不高，但因为是太子身边的人，也收到了20万钱，他当即予以回绝。事后有人开导他说："你又不是手握大权者，给他也办不了什么事，不要白不要。"钱徽正色回答说："接受别人馈赠，关键在于是否合乎道德规范，而不在官职大小。"

钱徽洁身自好，当的官不大，管的事倒不少，以致连皇帝都对他有所顾忌。唐朝后期政治昏暗，朝廷表面上多次颁布诏令，严禁地方官吏进献财物，但皇帝贪图享受，暗地里又广纳各方进贡。于是，地方上的投机钻营之徒纷纷投其所好，拼命搜刮钱财，前往京城送礼。钱徽看不过眼，屡次上书痛斥进献之恶俗，请求皇帝带头停止纳贡，刹住这股歪风。皇帝情知钱徽说的不错，但又舍不得白花花的银子，便叮嘱送礼的官员："以后再送东西，不要进右银台门，免得被钱徽看到。"

时人称赞钱徽有宰相的风范，可惜他一生并不顺利，几次入朝，也多次被贬。有人为他一味刚直而耽误了仕途感到惋惜，钱徽笑着回答说："孔子说'内不欺己，外不欺人'，我但求无愧于心，还有什么不满足的呢？"

人生在世，努力去做了，但结果常常不尽如人意。其实不必为此气恼，世界本不完美，我们又何必苛求完美呢？只要做到如韩愈所说"仰不愧天，俯不愧人，内不愧心"就足够了。

《简·爱》的作者夏洛蒂·勃朗特也说："哪怕全世界的人都恨你，都相信你坏，只要你自己问心无愧，你也不会没有朋友的。"

北宋时，程颐和程颢兄弟一起出去赴宴。当妓女出来劝酒时，程颐站起来就走，程颢却尽情玩乐后才回去。

第二天，程颐好像还在为昨天的事生气。程颢心平气和地说："昨天晚上喝酒时，座中有妓女，我的心里坦坦荡荡，没有妓女；今天我们书斋里没有妓女，你的心中却老想着妓女。"程颐自叹不如兄长。

程颢是无愧的。尽管他身在灯红酒绿中，却有坐怀不乱的坦荡。

杨震是东汉年间有名的清官。某年，他在荆州为官，发现王密才华出众，便向朝廷举荐王密为昌邑县令。数年以后，他调任路过昌邑。王密亲赴郊外迎接恩师，安顿膳宿，照顾得无微不至。晚上，王密前往杨震的官邸拜谒，见室中无外人，立即从怀中捧出黄金，端放于杨震的案桌上，说道："恩师难得光临，特备小礼相赠，以报栽培之恩！"

"不可，不可！"杨震见状，连连摆手拒绝，语重心长地说，"以前是因为我了解你有真才实学，才推举你担此重任，可你这样做是太不知我的为人了。”

王密碰了钉子，但仍力争，轻声轻气地说：“反正是黑天，又无外人知道。”

杨震更气了，正色说道：“你送金子与我，外人怎么会不知？即使没人知道，也是天知、地知、我知、你知！认为无人知道，就宽容自己，这是很要不得的。”

杨震是无愧的，因为他在没有旁证的条件下守身如玉，不为金钱所动。

正所谓，清者自清，浊者自浊。凡事岂能尽如人意，但求问心无愧。

无愧是一种自信，是灵魂法庭做出的公正判决。

无愧是一种诚实，既不欺人，又不自欺。

无愧是一种自律，良心是自律的准则，天凭日月，人凭良心。

无愧是一种安宁，吃得香睡得着，生平不做亏心事，半夜不怕鬼叩门。

无愧是一种坚定，只要问心无愧就可以走下去，即使遭遇狂风暴雨，依然可以傲然挺立。

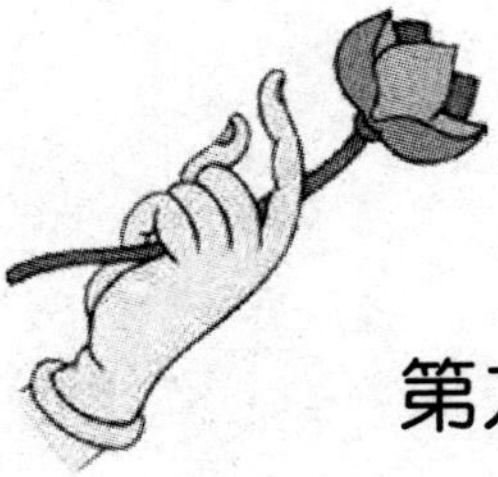

第九章　放弃安逸，伟大都是磨出来的

生命是一次次蜕变的过程，唯有经历各种各样的磨炼，才能使人生得到升华。如果你已是一个成功者，只要回想一下，就会发现真正促使你进步、成功的，不仅是你自身的优越条件，不仅是朋友和亲人的鼓励，更多的时候，是生命中那些折磨过你的人和事激发了你的潜能，促使你不断成长。可以说，人是在种种“折磨”中练就的“宇宙精灵”。只要我们不畏艰辛，不畏挫折，不失信心、不抛弃不放弃，怀着感恩之心在磨炼中前行，最终必将登上人生的辉煌之巅。

1. 人生要经得起折磨

在我们把理想变为现实的过程中，难免会遇到各种各样的难题、阻力和麻烦。人为制造的、客观存在的和偶然发生的，都会让我们感到时不我待、英雄气短的无奈，面临穷途末路、求救无门的尴尬。

然而，人生之所以有困境，正是因为我们不甘平庸，要突破、要挑战。所以，身陷绝境时，不要诅咒，而要学会控制、应对和化解。巴尔扎克说：绝境，是天才的晋身之阶，信徒的洗礼之水，能人的无价之宝，弱者的无底之渊。

什么事情，都是成也在人，败也在人。失败者并不是天生就比成功者差，而是在逆境或者绝境中，成功者比失败者多坚持了一分钟，多走了一步路，多思考了一个问题。上帝并不喜爱安逸的人，他要挑选出最杰出的人物，让这些人历经磨难后才取得成功。

当苏武被流放到北海时，北海的羊群围在他身边，好像在欢迎这位坚贞不屈的大汉臣子。随后十几年孤独的牧羊生活，如果可以当作一次挫折，那么这次挫折无疑是痛苦的，但这位牧羊老人从未放大痛苦，于是，在千年的史册上，大汉的丹青书写下了汉民族不屈的坚贞气节。

王昭君出走大漠，丝绸之路上又多了一串驼铃的叮咚声，“千载琵琶作胡语，分明怨恨曲中论”，不应该是她真实心态的写照吧？如果出塞是她的一次挫折，能够换来汉匈两地人民的安宁，也算是一种莫大的光荣。

苏武和王昭君的举动应该是对直面挫折、缩小痛苦的心理的诠释。人生只有走出来的美丽，没有等出来的辉煌，因此，直面挫折，化解痛苦才是我们的最佳选择。

因为生活本身就是由酸、甜、苦、辣、咸五味组成，当品尝过它的甜美后，你将不得不再去品尝一下它的咸、酸、苦、辣。这些味道固然不佳，却能让你的意志更加坚强，思想更加成熟。

米契尔曾经是一个不幸的人。一次意外事故，把他身上65%以上的皮肤都烧坏了，为此他动了16次手术。手术后，他无法拿起叉子，也无法一个人上厕所，但以前曾是海军陆战队队员的他从不认为自己被打败了。他说："我完全可以掌握自己的人生之船，我可以选择把目前的状况看成倒退或是一个起点。"6个月之后，他又能开飞机了！

米契尔为自己在科罗拉多州买了一幢维多利亚式的房子，另外还买了其他房产、一架飞机及一家酒吧。后来，他和两个朋友合资开了一家公司，专门生产以木材为燃料的炉子，这家公司后来变成了佛蒙特州第二大私人公司。

米契尔开办公司后的第4年，他开的飞机在起飞时又摔回跑道，把他的12条脊椎骨全压得粉碎，腰部以下永远瘫痪！"让我不解的是为何这些事老是发生在我身上，我到底是造了什么孽，要遭到这样的报应？"

尽管如此，米契尔仍不屈不挠，日夜努力使自己达到最高限度的独立自主。他被选为科罗拉多州孤峰顶镇的镇长后，努力保护小镇的环境，使之不因矿产的开采而遭受破坏。米契尔后来还竞选国会议员，他用一句"不只是另一张小白脸"的口号，将自己难看的脸转化成一项有利的资产。

尽管面貌骇人、行动不便，米契尔却坠入爱河，且完成了终身大事，还拿到了公共行政硕士，并持续他的飞行活动、环保运动及公共演说。

米契尔说："我瘫痪之前可以做一万件事，现在我只能做9000件，我可以把注意力放在我无法再做的1000件事上，或是把目光放在我还能做的9000件事上。告诉大家，我的人生曾遭受过两次重大的挫折，如果我能选择不把挫折拿来当成放弃努力的借口，那么，或许你们可以用一个新的角度来看待一些一直让你们裹足不前的经历。你可以退一步，想开一点，然后你就有机会说：‘或许那也没什么大不了的！’”

是的，挫折、苦难没有什么大不了。一位成功者曾豪迈地宣称：苦难本是一条狗，生活中，它不经意就向我们扑来。如果我们畏惧、躲避，它就凶残地追着我们不放；如果我们直起身子，挥舞着拳头向它大声呵斥，它就只有夹着尾巴灰溜溜地逃走。所以，只要你拥有对生命的热爱，苦难就永远而且只能是一条夹着尾巴的狗！

对于一个想要有所成就的人来说，苦难是一道必须超越的关卡。就像神话中所说的那样，那条鲤鱼必须跳过龙门，才能超越自我、化身为龙，人生又何尝不是如此！

2. 一切磨难都是为了让我们更强大

对于大多数人来说，人生不可能一帆风顺，总有一些人、一些事对我们造成阻碍甚至伤害，很多人因此而沉沦、畏缩，或是怨天尤人。其实，那些折磨我们的人或事并没有想象的那么可怕，可怕的是，如果我们的心像玻璃一样脆弱，就会把自己推入无法拯救的深渊。假如我们换一种心态，感谢折磨，感谢它的存在，便会让自己的生命充满激情和挑战，充满机遇和收获。

在朋友中，李连杰有个外号——“死过 100 次的生还者”。在众多的磨难面前，他仍然不甘平庸，始终坚持着自己的信念，使自己越来越强大，最终成为了令所有中国人都感到骄傲和自豪的一代巨星。有位记者特意去采访他，这位记者对李连杰的奋斗经历了解得并不多，所以他在电话中说：“李连杰，你这些年都是一帆风顺，你是怎么变得这么强大的呢？”

李连杰听后，觉得有必要让外界知道自己真实的一面，于是详细讲述了自己打拼事业的经历。

“这位记者，你在采访我之前肯定没做过认真的准备。首先，我从来不是一帆风顺，我在朋友中有个外号，叫‘死过 100 次的生还者’。从小我父亲就过世了，家境实在太差，只好加入武术队，靠每个月微薄的补贴养活全家；11 岁开始我连续 5 次拿到全国武术比赛冠军，18 岁拍了《少林寺》一夜成名，但第二年我就摔断了腿，差点成为废人；好不容易等到《黄飞鸿》系列电影大卖，我的经纪人又遭黑道枪杀，事业再次陷入低谷……这些都不说，2004 年印尼海啸时，我差点妻离子散、命丧异地。当洪水就在你眼前肆虐时，那种内心的惊恐及对生命的不舍，又有多少人面对过呢?

“也可以理解，问这个问题的人估计从来都只是在电影中了解我，觉得我就是电影中的那些硬汉，身怀绝技，从精神到肉体都是天生的强大。事实上，我只是一个血肉做成的普通人，甚至比很多人还脆弱。有一段时间，我天天想着出家当和尚。

“但是，少林寺的一位高僧不同意我这样做，因为出家并不能从根本上解决问题，佛家还讲究入世修行呢！后来，我去好莱坞发展，他要我记住一句话：一切磨难都是为了让自己变得更强大！

“这话听起来实在不像是什么祝福。果然，到了好莱坞，事情并不顺利，虽然台湾老板杨登魁花了上亿元帮我打造形象，创造机会，但傲慢的好莱坞并不肯接纳我这个身高才 170 厘米的华人。我忍着，直到有一次在片场，导演把剧本摔到我脸上，冷冷地问我：‘你是不是不懂英文，所以剧本没看懂?’

“那天晚上，我打电话给那位高僧，他淡淡地说：‘这些年你吃了不少苦头，但回过头来想一想，是现在的你强大，还是过去的你强大?’我一愣，想着自己这半生的经历。的确，那些困难现在看起来都不值一提了，可当时又何尝不是逼得自己无路可逃？可见，困难的确在让我变得强大，至少让我的承受能力越来越强！

“从那以后，我不再惧怕任何困境，对困境甚至抱着一种‘欢迎’的态度。朋友都说我疯魔了，但我心里知道，这不过是在困难中修炼自己。

“拍摄《英雄》那段时间，章子怡很受非议，甚至在剧组中也被某些人孤立。在她身上我看到了刚出道时的自己：冲动、爱憎分明，心里有什么脸上从来藏不住……于是，我把自己的经历告诉她，慢慢地，她也从流言中脱胎换骨，开始表现为一个坚强的章小妹。

“这两年，我对武术之道越来越有想法，很想与观众分享这种想法，于是，我请人编写了宣扬和平的电影《西藏武僧在纽约》。很多片商对名字很感兴趣，但一看剧本就都不肯投资，因为里面的武打场面太少了，不够商业化。到哪里去找投资商？这个问题每天晚上都折磨得我无法入睡，实在没办法，我找到法国的著名导演吕克·贝松，想自掏腰包自己拍。拍完后，我看电影前90分钟十分精彩脱俗，但后30分钟就落入了武打片的俗套，就要求改结尾，别人都觉得我疯了，改结尾是自杀行为，会让票房一落千丈。吕克·贝松也十分惊奇地问我：‘你真想得罪你所有的观众吗？’我笑着说：‘那就试一次吧。’

“事实是，电影还没有公开放映，就受到了不少电影专家和媒体的关注。慢慢地，随着《霍元甲》的再度追击，大家也开始知道：哦，原来李连杰并不是一个武打机器，他也是有自己的想法的；中华武术除了实用外，里面还有博大精深的东西啊！

“这就是我的目的。既要表达内心，又要保证票房，的确是一件困难的事。但我知道，困境总会过去，而经历困境的人，却在这个过程中变得更加乐观、更有力量。”

和李连杰一样，世上没有一个人的成功是一帆风顺的，如果你认为自己一生都不会陷入绝境，只能说明你正在走向绝境的路上。如果你已经陷入了绝境，证明你已经得到了上天的垂爱，将获得一次改变命运的机会。如果你已经走出了绝境，回头看看，你会说你从未发现自己要比想象中的聪明、坚强、强大。

3. 把自己磨成一颗钻石

钻石作为世界上最坚硬的宝石，传统的工艺一般只能将它切到57面，后来只有少数的工艺大师能够突破这个数字。他们不但技艺超群，而且浑身是胆，否则是没有勇气将一颗钻石推到美的巅峰的。因此，切磨钻石是一项非常艰辛的工作。有人说，是钻石，终究会发光。但事实未必如此，再好的钻石不经切磨，也只是顽石一块。所以，如果你是一颗钻石，就注定要被切磨和打击。

拥有青春的人更应该视自己为一颗等待完美切磨的钻石。年轻人站在人生的开端，青春绝不是一个削足适履、故步自封的过程，而是一个不断打破模式、百变新生的过程。

一根木头也许雕刻一刀就承受不了了，而一块璞玉则需要雕刻更多刀，才能够呈现出一个完整的层面。对一颗钻石来说，57刀似乎够了，但恰恰有人切出了80多刀，于是一个惊世传奇诞生了；正在人们啧啧赞叹时，又有人切出了100多刀，这难道不是更大的奇迹吗？所以，如果你是一颗钻石，就不能将自己当作一块璞玉，更不能把自己当作一根木头，而要根据自己的特质，不断地发现自己、挑战自己，这才是对人生真正负责的态度。

一个年轻人到一家杂志社实习，遇到了一位以严格要求和博学多才而闻名的编辑。年轻人每次交稿时，这位编辑总是一句话："如果你对某一个字的写法没把握，就查字典。"并且规定，年轻人每天都得写一篇文章放进编辑桌上的盒子里。如果哪天没有写，他就敲着桌子说："文章呢？"

就这样，日积月累，年轻人的文章一天比一天精彩，后来在写作上取得了很大成就，还参与了美国《独立宣言》的起草。

这位年轻人就是美国著名的科学家、民主主义革命者乔·富兰克林。指点他的那位编辑名叫弗恩。富兰克林一直以一种敬畏和崇拜的心情按照弗恩的严格要求磨砺自己，终于取得了成功。后来，弗恩去世了，富兰克林在整理弗恩的遗稿时，看到了这样一句话："我不是你心目中的那个人。我并不懂写作。每个单词都得查字典，一篇稿子要看上几十遍。我给自己创造了一个权威的形象。你让我教你，我尽量去做，其实多数时候是你自己在打磨自己。"

自己打磨自己？富兰克林简直不敢相信眼前的一切，指点自己写作的权威竟然近似于写作盲！自己的写作才能竟然是自己在一天一篇的积累中打磨出来的！老编辑只不过是对他持之以恒地严格要求而已！当富兰克林再读弗恩的其他遗稿时，才相信他的话句句属实——那些手稿幼稚得令一个作家心碎！

许多事情正是这样：不要对名家或权威寄望太多，人生更重要的是自己打磨自己！如果说岁月是磨刀石，那么一个人的才华就是磨刀石上的那把刀，握住刀柄的磨刀人就是自己。只有自己不停地磨砺自己，不停地给自己淬火，在勤奋的熊熊炉火中锻打锤炼，才能显现出自己的才华，并最终放射出夺目的光芒。

退一步讲，即便我们永远成不了一颗钻石，如同我们也许永远不可能成为富兰克林式的完美天才，也并不妨碍我们将一件事情、一项工作、一份事业做成一颗"钻石"。

台湾年轻演员桂纶镁就是这样经营自己的演艺事业的，她通过自我较劲、自我拧巴、自我叫板，使自己的事业终于呈现出不同的切面，赢得了特立独行的赞誉。有人评论她是《不能说的秘密》里的氧气美女，也是《线人》里的黑帮阿嫂，是《女人不坏》里的朋克女郎，也是《全球热恋》里的神经质女生……她一直在颠覆自己、挑战自己，当我们渐渐淡忘了她最初的模样，她又挟着《肩上蝶》强势回归清纯校园风。

当然，人的打磨有不同于钻石的地方。人仅仅有第一次打磨是远远不够的，人的打磨要比钻石复杂得多，不仅包括才能、意志，还包括个性、处世态度等。尽管有时经过第一次的打磨，我们便已经超凡脱俗了，但是当我们变成了一个有能力的人的时候，也容易养成自负、傲慢、暴躁和虚荣的性格心态，锋芒毕露，以至于在生活中处处遇到障碍。

有个故事说，一个平庸的人去向智者请教如何才能从众人中脱颖而出，智者带着他来到一个铁匠铺，指着一堆铁料给他看：每一块都平凡无奇。接着，智者随意拿起其中的一块交给铁匠，说："给我打一把锋利的短刀！"铁匠拉动风箱，把铁块扔到火中，烧红后又锻打，最后又细细地磨砺了一番，一把精光四射的短刀便打成了。智者把短刀又扔在那一堆铁料中，说："你看，还是原来那一块铁，经过打磨便与众不同了。"

这个人大悟——要想出人头地，必须在磨难中锻炼自己。于是，他拜谢智者，回去后刻苦学习，在逆境中磨砺着自己的锋芒。终于，他超凡脱俗，锋芒锐利。

可他没有得意多久，于是又去找智者，说："我现在的能力已远远高出别人，为什么做事还是不那么顺利，而且别人还是处处为难我呢？"智者把他带到水流湍急的小河边，河里有许多石头。智者指着那些石头说："你看，那些有棱有角的石头所承受的水的冲击要比那些圆的石头大得多啊！"他凝思片刻，若有所悟。

由此可见，即便我们拥有了超凡脱俗的能力，仍需要不断完善自己的性格，让自己像卵石一样圆润，才能在生活和工作中得到别人的认可，从而在事业上有所发展。

法国作家玛格丽特·尤瑟纳尔说："我永远也不会被战胜，我只会由于屡屡战胜而被战胜。"这也是如何才能将自己打磨成一颗钻石的奥秘所在。

4. 在磨难中看到恩赐

生活中，有些让你感到不舒服的人，总在你的生命中川流不息，让你应接不暇。他们像一根根尖锐的刺扎在你的皮肤里，让你隐隐作痛，让你暴跳如雷，甚至怀恨在心。

这些人，可能是你的亲人、敌人、老板、同事、爱人、对手，他们有的满怀善意，有的心怀鬼胎。这些让你又爱又恨的人，在你的生命中设置了一个又一个障碍，让你不得不打起精神，拼尽全力赶路。然而，当疲于应对的你仍然追赶不上他们的速度，无法满足他们的要求时，难免焦虑抱怨，甚至感到痛苦万分，不明白自己的人生为何充满了挫折和无奈，甚至觉得这些让自己不舒服的人应该统统消失。

然而，终有一天，当你站在人生的下一个站台回望，所有曾经承受的委屈和压力都将释然，你会发现，他们是你发挥潜能、全力以赴的动力，他们让你一次又一次地突破自我，使你的人生拥有了更多的可能，他们才是你最应该感激的人。当你能够用这样成熟的心态来面对生活中的起起伏伏时，你便不再是一个面对苦难掩面痛哭的人，而将成长为一个无法战胜的勇士。

艾柯卡曾是美国福特汽车公司的总经理，后来又成了克莱斯勒汽车公司的总经理。他的座右铭是：“不怕遭遇折磨，往往是折磨让你奋力向前。”

1946 年，和每一个刚刚走上社会的人一样，年轻的艾柯卡只是福特汽车公司的一名普通员工，后来，他凭借自己的能力当上了福特公司的总经理。但是，几年之后，他却因大老板亨利·福特的嫉妒而被开除了。在福特工作

32 年，当了 8 年总经理，事业一帆风顺的艾柯卡，突然间失业了。

昨天他还是英雄，无数人对他顶礼膜拜，今天却好像成了传染病患者，人人都远远地避开他，原来的同事、一向要好的朋友也都抛弃了他。他的妻子气得心脏病发作，女儿埋怨他无能。这是他生命中最大的打击。这种打击对艾柯卡来说，无异于从珠穆朗玛峰坠入万丈深渊，几乎置他于死地。他愤怒、彷徨、苦闷，甚至想到了自杀。但他最终没有向命运屈服，相反，他决心要“活出个样来，给那些人看看我的能力和价值”。艾柯卡是这么说，也是这么做的。他勇敢地接受了一个新的挑战——应聘到濒临破产的克莱斯勒汽车公司出任总经理。

上任后的艾柯卡大刀阔斧地对企业进行了整顿、改革，并以超群的智慧从政府那里取得了巨额贷款，使这个即将走向死亡的企业重振雄风。1983 年 8 月 15 日，艾柯卡把面额高达 8 亿多美元的支票交到了银行代表手里。至此，克莱斯勒还清了所有债务。而恰恰是 5 年前的这一天，亨利·福特开除了艾柯卡。

艾柯卡的成功有很多假如，假如亨利·福特不开除他，假如同事和朋友不抛弃他，假如妻子和女儿不埋怨他……假如当初艾柯卡在遭遇无情的解雇后不能勇敢地重新站起来，而是一味沉浸在悲痛和绝望之中，在巨大的打击面前一蹶不振，也许历史上就不会出现辉煌的克莱斯勒汽车公司。很显然，一个人在饱受折磨的背后隐藏着未来的成功，折磨也是人生需要的，它和成功一样具有价值。

在人生的道路上，很多人哪怕走得十分顺利，只要稍微遇上一些不顺的事，就会习惯性地抱怨老天亏待自己，进而祈求老天赐给自己更多的力量，从而渡过难关。实际上，老天是最公平的，它为你关上一扇门的时候必然为你开一扇窗，这不是自我安慰，不是自欺欺人，而是千真万确的事实。

所以，我们要感谢苍天赐予我们磨难，因为唯有经历苦难的磨炼，才能获得成长和内心的充实。坦然面对一切吧，唯有苦难才能磨炼人的意志和品格。

5. 打败困境，才能重获新生

英国东方学家史密斯曾经说过，由于缺少一些勇气，许多有才华和能力的人都消失了。懦弱的人，只会在心中默默地渴望，他们的决心就像单薄的冰块一样，一旦遇到阳光就融化了。

勇敢是一种大智慧。一个勇于向困难挑战的人不仅可以在生活的道路上奋力拼搏，还能够承担失败导致的后果。勇气并不是对困难的轻视，而是对困难有着清醒和客观的认识，并且努力地克服它。

曾经有一个小男孩瞪大眼睛打量了尼克很久，最后终于吐出一句话："你总算还有一个头。"这是尼克·胡哲在演讲时必讲的一个小插曲。只要看一眼尼克，你就会立刻理解为什么小男孩会这么说，进而感叹上帝为什么要制造出这样的生命。

尼克打出生起就没有四肢，只有躯干和头，就像一尊残破的雕像。这副模样甚至连他的父母都无法接受。可想而知，这样的躯体给尼克造成了多大的困难。他所能利用的身体部位，只有一个长着两根脚趾的小脚，被他妹妹戏称为"小鸡腿"，因为他家的宠物狗曾经误以为那个是鸡腿，想要吃掉它。

尼克不能走路，不能拿东西，并且不得不常常忍受被围观的耻辱。这一度使他非常消沉，以至于想要在浴缸里淹死自己。还好，他在最后一刻脑海中浮现出父母在他坟前哭泣的样子，于是放弃了自杀。这是他最正确的选择。活下来，使他有机会看到，原来他的人生有着无尽的希望。

尼克秉持着一个基督徒的信仰，告诫自己永远不要放弃。他虽然没有健全的四肢，但是有一副好口才和一个聪明的大脑。他总是用无比轻松的语调来调侃自己的人生经历，他永远不在意别人讶异的眼光，并且努力对自己充满自信。事实上，他确实做到了绝大多数普通人无法做到的事——他成了一名全球知名的励志演说家。

19 岁的时候，尼克打电话给学校，推销自己的演讲。在被拒绝了 52 次之后，他获得了一个 5 分钟的演讲机会和 50 美元的薪水。从此，他的演讲生涯开启了序幕。他的嗓音富有磁性，思路清晰，语言幽默，最关键的是，他有与众不同的人生经历可以和别人分享，给所有人坚持下去的力量。经过多年的磨炼，他具备了异常坚韧的心智和丰富的阅历。这些精神上的素养完全弥补了肉体上的缺陷，使他超越了健全的大多数人，取得了非凡的成就。

如今，尼克已经在全球 34 个国家发表了超过 1500 场演讲，而且每年会接到超过 3 万个来自世界各地的邀请。所有看过他的视频或听过他演讲的人，无不发自内心地诚服于这个曾被预言“永远得不到爱”的人。他已经成为世人心目中与命运顽强斗争的象征，或者说，一尊活的雕塑。

人生中从来不存在不可逾越的障碍，很多时候，困境的另一个名字就是机遇，战胜困难就等于抓住了机遇。对于绝大多数人来说，没有显赫的家庭背景，要想成功，只能靠自己一步步的努力。在奋斗的过程中，我们常常会遇到这样或那样的困难和挫折，但是困难并不可怕，真正可怕的是失去战胜困难的信心和勇气。在面对困难和挫折的时候，只有勇敢地宣战，积极地应对，才能最终迎来辉煌与荣耀。

在日本有 13000 多间麦当劳店，这些店的年营业总额突破了 40 亿美元。这两个数字的创造者是一位老人，他叫藤田田，是日本麦当劳社的名誉社长。

1965 年，藤田田毕业于日本早稻田大学经济系，毕业后就职于一家大电器公司。1971 年，他开始创业，经营麦当劳。麦当劳是全世界知名的快餐连锁公司，采取的是特许经营资格机制。获得经营资格的条件是很严格的，甚至是苛刻的，申请人不仅需要具备相当的财力，还需要具有特殊的资历。

当时的藤田田还只是一个走出校门不久、毫无家族资本的打工者，根本不具备麦当劳总部要求的75万美元的现金和一家中等规模以上的银行信用支持的苛刻条件。

但是，他预见到了美国快餐文化在日本社会的巨大发展潜力，决心想尽一切办法在日本开创麦当劳事业。当时，他只有5万美元的存款，于是，他东拼西凑四处借钱。几个月的时间，他只借到了4万美元。面对巨大的资金差距，藤田田没有灰心，更没有放弃，心中仍旧怀着强烈的勇气和锐气。

一个风和日丽的早上，他敲开了住友银行总裁办公室的门，真诚地向对方表明了自己的创业计划和决心，并表达了自己的求助愿望。耐心听完他的叙述后，银行总裁说："你先回去吧，让我考虑一下。"

藤田田听了不禁有些失望，但是他立刻镇定下来，恳切地对银行总裁说："先生，您能不能听我向您介绍一下那5万美元存款的来历呢?"对方点了点头。

"那是我6年来每个月固定存款的积累。在这6年的时间里，我每个月都坚持存下全部工资奖金的三分之一，不论遇到什么事情都没有间断过。我也有无数次面对资金紧张的尴尬局面，但是我都咬紧牙关，坚持了下来。就算有时遇到意外，我也没有动摇过。我必须这样做，因为我从跨出校门的时候就告诉自己，以10年为期限，存下10万美元，然后自创事业。如今我得到了这个机会，我想提早开创事业……"

藤田田一口气讲了10多分钟，银行总裁的脸色也越来越严肃，他询问了藤田田存款的那家银行的地址，然后对他说："好吧，年轻人，我下午会给你答复。"

藤田田离开后，银行总裁马上驱车前往藤田田存款的那家银行，亲自了解他存款的具体情况。柜台小姐得知银行总裁的来意后，告诉他说：“哦，是问藤田田先生啊，他可是我接待过的最有礼貌和毅力的人。6 年的时间里，他总是到我这里来存款。说实话，对于这样一个严谨的人，我真的很佩服。”

听了柜台小姐的介绍，银行总裁为之动容，并马上拨通了藤田田家的电话，告诉藤田田住友银行支持他创建麦当劳事业。藤田田欣喜若狂，追问道：“请问，您为什么决定支持我呢?”

电话那边的银行总裁不无感慨地说：“今年我已经 58 岁了，还有两年就要退休了。就年龄而言，我是你的两倍；就收入而言，我是你的 30 倍。然而，直到今天，我的存款却没有你多……单就这一点而言，我惭愧不已。年轻人，我很敬佩你，好好干吧，我相信你一定会做出一番事业的!”

果然，藤田田成功了，而且取得的是令所有人刮目相看的大成就。

一个普通人的愿望往往是这样的，在年轻时要做出一番大事业，有着成为科学家、医生、律师等理想，等到中年时却在想如何才能换一所大房子、生几个孩子、养条狗。人的年龄越大，眼界越狭窄也越现实，这是很正常的现象，因为每个人都受制于现实因素。也因此，能够成就大事业者寥寥无几，因为即使要拥有一个只有几个人的小公司而摆脱给别人打工的命运，都是很艰苦的。但也正是人生之难，才锻造了成功者超人的勇气和意志，这些能为人所不能为的事迹才值得人们崇拜。

6. 不抛弃，不放弃

人们常说“失败是成功之母”，诚然，成功是对失败的嘉奖，但更是给予坚持者的最高荣誉。在通往成功的路上，我们往往需要在黑暗中摸索很久才能找到正确的方向，而坚持恰恰是我们在黑暗中高举的火把。

有一个年轻人到一家电器厂去应聘，这家工厂的人事主管看着面前这个身材瘦小、衣着肮脏的小伙子，心里很不满意，随口说道：“我们现在暂时不缺人，你一个月以后再来看看吧。”这不过是一种婉转的拒绝，没想到一个月以后，这个年轻人真的来了。人事主管又推辞说：“过几天再说吧。”隔了几天，年轻人又来了。如此反复多次，人事主管实在难以忍受，只好直接说出自己的态度：“我们工厂对员工的录用要求很严格，你现在的状态是不能被录用的。”

于是，年轻人马上回去，借钱买了一身整齐、像样的衣服穿上，再次去面试。人事主管见他如此实在，经过了解后说：“电器方面的知识你知道得太少了，我们不能录用你。”不料两个月后，年轻人再次出现在人事主管面前：“我已经学会了不少电器方面的知识，您看我哪方面还有差距，我一项项来弥补。”

这位人事主管紧盯着态度诚恳的年轻人看了半天，才说：“我干这一行几十年了，还是第一次遇到像你这样来找工作的。我真佩服你的耐心和韧性。”最终，年轻人得到了这份工作，并通过不断努力成为了电器行业的非凡人物。

这个故事的主人公就是后来松下公司的总裁松下幸之助。

俗话说，蚂蚁可以游遍深山老林，而两头蛇却永远也走不远。无论多远的路，只要一步一步坚持走下去，总能走完；而无论多么近的路，不迈开双脚永远无法到达。英国著名的哲学家罗素说过，伟大的事业根源于坚韧不拔的工作，以全部精力去从事，面对艰苦不逃避、不退缩。我们每个人在向目的地奔跑的时候，不要忘记我们绝大部分的时间是在路上。生命的价值恰恰就在于，我们在这个过程中是否可以坚持下去，将自己锻造成更出色的人。

派蒂在小的时候，就查出患有癫痫。她的父亲每天早晨都会起来跑步，有一天，派蒂充满兴致地问父亲："爸爸，我也想每天早上和你一起跑步，但是我又害怕万一我在跑步的过程中，病情发作该怎么办。"

她的父亲温柔地抚摸着她的头发，说道："没关系的，就算你发作了，爸爸也知道怎么应对。我们明天就开始跑吧！"

就这样，派蒂从第二天开始了跑步。不久，她又向父亲说出了自己的心愿：我想打破女子长距离跑步的世界纪录。于是，她的父亲帮她查阅了吉尼斯世界纪录，得知当时世界上女子长距离跑步的最高纪录是80公里。

尽管派蒂有病，但是她对此依然满怀热情和希望，癫痫无法阻止她长跑。

当派蒂升入高中的时候，她的衬衫上印有"我爱癫痫"，她穿着这件特别的衬衫一路跑到了旧金山。她的父亲一路陪伴着她，而她的母亲则开着旅行车跟着他们，照料他们。

高二的时候，派蒂拥有了自己的支持者，她所在班级的同学拿着特别为她制作的海报为她加油打气，海报上赫然印着：派蒂，跑啊！然而，在前往波特兰的路上，派蒂的脚扭伤了。医生劝她马上停止跑步，并说受伤的脚踝必须立刻打上石膏，否则会造成永久的残疾。

派蒂听了医生的建议后，诚恳地对医生说："你也许不知道，跑步并不是我偶然的兴趣，它是我这辈子最热爱的运动。我热爱跑步也不仅仅是为了我自己，更重要的是向所有轻视我的人证明，身体有残疾的人一样可以跑马拉松。请您想想办法让我跑完这段路程!”

医生很同情派蒂，也很钦佩她的执着，于是表示可以用黏剂将受伤的部位接合，取代打石膏。但是，医生郑重地警告派蒂，这样很容易起水泡，那时一定会疼痛难忍。派蒂没有丝毫犹豫，当即点头答应了。

派蒂终于出现在了波特兰，俄勒冈州州长还陪她跑完了最后一英里。当她到达终点的时候，一条写着红色大字的横幅迎接着这位胜利者：“超级长跑女将，派蒂·威尔森在 17 岁生日这天创造了辉煌的纪录。”

在派蒂高中生活快要结束的时候，她用了 4 个月的时间，从美国西海岸跑到东海岸，最后抵达华盛顿。总统先生亲自接见了她，她告诉总统：“我想让所有的人都知道，癫痫病患者与正常人没有区别，我们也可以过正常的生活。”

雨果说，世人最缺乏的是毅力，而非气力。事实上，我们做事很少可以产生立竿见影的效果。坚持是一种积极的心态，不仅包含着积极的思考、坚定的信心，也包含着韧性。当我们在生活的路上努力前行的时候，唯有坚持能让我们在付出汗水之后，收获美丽的风景。哪怕我们最终因为种种原因没有实现最初的梦想，但是坚持本身就是一种成功。所以，不要惧怕辛苦、磨难、创伤，用心去感受路途中风的力量，它会让我们的毅力闪耀出更加灿烂的光芒。

7. 苦难让人内心强大

我们在社会上打拼，身上背负着昨天的故事，脚下踏着历史的尘埃，一路的风雨带着丝丝惆怅。命运常常喜欢开一些玩笑，总是在不期然间给我们一个意外。当心头乌云密布、携伞防雨时，偏偏不见风雨；当晴空万里、艳阳高照时，突然遭遇一场劈头盖脸的太阳雨。人生原本就是这样，当我们的内心越脆弱，苦难越会不期而至。

生活中，面对失恋、婚姻破裂、事业失败，遭遇乱世或自然灾害、死亡等，有的人能直面挫折，化解痛苦；有的人却常常夸大挫折，放大痛苦。可见，面对挫折，我们可以有不同的选择。因此，如何面对苦难，便成了摆在每个人面前的重大人生课题。

一群年轻人常常结伴在一个水潭边钓鱼，令他们感到奇怪的是，有个渔夫总是在不远处的河里捕鱼，那是一个水流湍急的河流。他们都觉得这个渔夫很可笑，在那么湍急的河里，怎么可能捕到鱼呢？

一天，有个年轻人终于忍不住好奇，放下钓竿走到渔夫面前，只见渔夫提起鱼篓往岸边一倒，那一尾尾鱼不仅肥，而且大，在地上活蹦乱跳。年轻人一看就傻了，他们在水潭里从来没有钓到过这么肥大的鱼。他们在潭里钓上来的多是些小鱼，而渔夫竟在水流湍急的河里捕到这么大的鱼，这是为什么呢？

渔夫笑了笑说："潭里风平浪静，所以那些经不起大风大浪的小鱼就自由自在地游荡在潭里，呼吸潭水里微薄的氧气。这些大鱼就不同了，它们需要更多的氧气，所以它们只能拼命游到有浪花的地方。浪越大，水里的氧气就越多，大鱼也越多。”渔夫又得意地说：“许多人都以为风大浪大的地方是不适合鱼生存的，所以他们捕鱼就选择风平浪静的水潭，但他们恰恰想错了，一个没风没浪的水潭里是不会有大鱼的，而大风大浪恰恰是鱼长大长肥的条件。”

大风大浪这些“苦难”养育了大鱼，那么，人生的坎坷和困苦是不是我们人生的“促长剂”呢？我们总是在为自己营造和寻觅人生的风平浪静，追寻生活里的和风细雨，结果也成了静潭里的那一尾尾小鱼。

水流湍急、浪花飞溅之处是大鱼，同样，命运沉浮、遭遇坎坷将会砥砺出巨人。但并不是所有人都有这样的认识，因为凡苦难都具有不可挽回的性质，无论如何它都是不能弥补的，那么，人经历苦难到底有什么意义呢？

特纳的童年充斥着各种悲惨的回忆。他到 3 岁才学会说话，就在家人为他能说话而感到欣喜时，很快就发生了一场灾祸，他在横穿马路时被车撞飞，妈妈眼睁睁地看着他头部着地，幸好他只是轻微脑震荡，缝了几针就没事了。

可是，从此以后，各种疾病接踵而至：麻疹、水痘、肺炎、湿疹、哮喘、皮疹、扁桃腺肥大……一个病接着一个病，虽然不致命，但要一个孩子整天与病魔做斗争，惨痛是可想而知的。

特纳至今还清楚地记得自己 10 岁那年面瘫的情况。他本准备刷完牙去参加节日游行，可就在刷牙的时候，他的半边脸突然提不起来了。他非常想去参加游行，但只能再一次被妈妈送往医院。

前往医院的路上，他问妈妈：“妈妈，真的有上帝吗？”

妈妈说：“当然有了。”

他说：“那上帝为什么对我这么残忍，让我总是和医生打交道？”

妈妈抱着他的头，对他说：“孩子，不是上帝残忍，他也许是在考验你，把你磨炼得无比强大。”

但是，不幸并没有放过这个坚强的孩子。面瘫治愈后，本来说话就晚的他有些口齿不清。每次他张嘴说话，别人都弄不明白他想表达什么。甚至在家里，也只有和他朝夕相处的哥哥达柳斯能完全明白他想表达的意思，连妈妈偶尔也需要达柳斯的“翻译”。

为此，他不得不又去令他深恶痛绝的医院，为了锻炼说话能力，他还要去上演讲课。直到上高中，特纳在众人面前发言才变得没有障碍。

多病的童年留给特纳的是痛苦的回忆，还有一个弱不禁风的身体。但体弱多病的他却很喜欢打篮球。尽管他在篮球场上经常被别人撞倒在地，伤痕累累，但他对篮球运动充满激情。他觉得在篮球场上，自己能强壮起来。

由于他的身体实在太弱，除了哥哥达柳斯，几乎没有人愿意带他打篮球。没有篮球架，哥俩就把一个装牛奶的板条箱固定在一根电线杆上，又用铁棍做了一个篮圈。这就足够了，哥俩日复一日、年复一年在自家后面的小巷子里追逐着篮球，也追逐着梦想。

特纳的身体越来越强壮，篮球技术也越来越高，高中时，他收到了俄亥俄州立大学提前录取的通知。在 2009 年的大学联赛中，他有场均 20.3 分、9.2 个篮板和 5.9 次助攻的火热表现。

谁能想到这个曾被多种病魔缠身的孩子，真的变成了一个强壮有力的巨人。2010 年夏天，在众多年轻人参加的美国 NBA 选秀大会上，特纳以“榜眼”的身份被费城 76 人队选中，签订了 3 年价值 1200 万美元的合同。这也是 NBA 规定的“榜眼”所能签订的金额最大的合同。

专家们对他的评价是：综合能力极强，融合了天赋、身材、爆发力、篮球智商、篮球大局意识的优秀球员。而此时的他身高达 1.97 米，体重 95 公斤，臂展 2.03 米，原地摸高 2.7 米。

在接受记者采访时，他说：“别人的人生满是故事，而我的人生却满是事故。不过，我不埋怨。我和妈妈想的一样，那些疾病只不过是命运的考验，只为把我磨炼得强大，我反而要感谢它们。”

没有谁愿意遭受不幸，但它总是会发生，与其恐惧退缩，不如坦然接受。艰难困苦，是淬炼强者的最好的熔炉，而奇迹也往往是在厄运中出现的。

8. 有一种意志叫矢志不渝

“磨”能产生能量，但并不是所有人都经得起“磨”，它非常考验人的意志力。现实中，很多人是被迫承受苦难，而另有一些人则是为了坚守信念、实现目标而自讨苦吃，这叫“矢志不渝”，是一种宝贵的意志品质。

唐朝“安史之乱”期间，张巡守睢阳城，被令狐尹所围，粮尽兵疲。他手下的大将南霁云因排行第八，人称“南八”，率数十骑突围向河南节度使贺兰进明求援，他到达时已是孤身一人。贺兰进明态度首鼠两端，想到南八是一难得的勇士，欲留为己用，于是以好酒待之。

南八见贺兰进明不肯发兵，说：“我城粮尽一月，我怎么能在你这里吃得下好酒好菜?”他砍断手指表明心志，然后用箭射中城中佛塔，发誓道：“回城破贼后，必来报不相救之仇。”此为“矢志”！

南八又杀回睢阳城中。城破后，他与张巡等人被俘，叛军劝降张巡，张巡不降；接着又去劝南八，南八不说话。张巡对他说：“南八，大丈夫不可为不义者屈。”南八笑着说：“将以有为也，公有言，云（南霁云）敢不死。”于是英勇就义，此为“不渝”！

对张巡守孤城，粮尽食人，驱赶百姓出城就敌受死以减少城中粮食消耗的做法，在当时和现在均多有非议。但是，张巡死守睢阳，牵制叛军不能深入，保证了唐政权江淮财赋的供应，为唐政权最后平定“安史之乱”提供了决定性的条件。所以，从历史公正的角度出发，在战争的残酷性面前，张巡和南霁云是有功的，“矢志不渝”成为名典。

矢志不渝靠的是信念和意志力。当一个人将自己的信念和意志力结合在一起的时候，就会产生无穷的能量。下面我们来重温一下中国工农红军艰苦卓绝的二万五千里长征中的一个故事：

一支长长的红军队伍，在云中山的冰天雪地里，顶着混沌迷蒙的飞雪前进。严寒把云中山冻成了一个冰坨子，狂风呼啸，大雪纷飞，似乎要吞掉这支装备很差的队伍。

将军的马早已让给了重伤员。将军和战士们一道踏着冰雪行军，不时被寒风呛得咳嗽起来。他要率领这支队伍向前挺进，为后续部队开辟一条通道。等待他们的将是非常恶劣的环境和残酷的战斗：可能吃不上饭，可能睡雪窝，可能一天要走一百几十里路，可能遭到敌人的突然袭击，可能……哦，可能太多了。这支队伍能不能经受住严峻的考验呢？将军思索着……

队伍忽然放慢了行军速度，前面有许多人围在一起，不知在干什么。

将军边走边喊："不要停下来！快速前进！"

"前面冻死了一个人。"警卫员回来告诉他。

将军愣了一下，什么话也没说，快步朝前走去。

一个冻僵的老战士，倚着一棵光秃秃的树干坐着，一动也不动，好似一尊塑像。他浑身落满了雪，一时无法辨认他的面目。但可以看出，他的神态镇定而安详：右手的中指和食指间还夹着半截纸卷的旱烟，火已被飞雪打灭；左手微微向前伸着，好像在向战友借火。单薄、破旧的衣服紧紧地贴在他的身上。

将军的脸色顿时严峻起来，嘴角边的肌肉明显地抽动着，忽然转过脸向身边的人吼道："叫军需处长来！为什么不给他发棉衣？"呼啸的狂风淹没了他的话音。没有人回答他，也没有人走开。他红着眼睛，像一头发怒的豹子，样子十分可怕。

"听见没有？警卫员！叫军需处长跑步过来！"将军两腮的肌肉抖动着。

这时，有人小声地告诉将军："他就是军需处长……"

将军愣住了，久久地站在雪地里。他的眼睛湿润了。他深深地吸了一口气，缓缓地举起右手，举到齐眉处，向那位与云中山融为一体的军需处长敬了一个庄严的军礼。

风更狂了，雪更大了。大雪很快覆盖了军需处长的身体，使他变成了一座晶莹的丰碑。

将军什么话也没有说，大步走进漫天的风雪中。他听见了无数沉重而坚定的脚步声，这声音似乎在告诉人们：如果胜利不属于这样的队伍，还会属于谁呢？

红军的使命是北上抗日，解放全国，这是长征中所有红军战士的信念；"但有使命，万死不辞"，这是红军战士的决心和誓言。如果不是为了实现崇高的目标，他们就不会去雪山草地吃苦，正是因为他们肩负神圣的使命，才使他们在极其严酷的环境下，一直保持着革命乐观主义精神和旺盛的斗志，以惊人的意志力和吃苦精神，始终坚持艰苦卓绝的斗争。

中国工农红军二万五千里长征是世界上举世无双的创举，一群食不果腹、衣衫褴褛的士兵组成的一支队伍，前有堵截，后有追兵，头上有飞机盘旋，脚下有雪山草地横亘，正所谓关山重重，路途漫漫……在物质条件极度贫乏的情况下，他们以无比震撼的精神力量，完成了自己的使命，这就是信念与意志结合形成的巨大能量。

信念要靠意志力来坚守、坚持，人若缺乏意志力，所有的目标和理想都只能化为泡影。孙中山先生说："吾志所向，一往无前；愈挫愈奋，再接再厉。"诗人苏轼也曾说："古之立大事者，不唯有超世之才，亦必有坚忍不拔之志。"他们所言，都是将信念与意志力联系在一起的，唯有如此，才能产生无坚不摧的能量。

9. 把苦难踩在脚下

生活中，我们不必刻意请求苦难的来临，但是它如果来了，我们就要勇敢地面对。因为在人生的航行中，要么你将困难克服，要么你被困难一点点地打垮。

没有经历饥饿的历史，你便不知道一粒米的可贵，不知道那些被太阳晒黑了皮肤的耕种者的可敬，当然更无从感受饿得头昏眼花或者伸手乞讨的可悲和可怕……

没有受过寒流的抽打，你的血液里、你的胃肠中就不能孕育生长出抗争的细胞，你必然十分脆弱，容易发抖，容易胆寒，周身缺少足够的热流和火焰来温暖你被冻僵了的脸庞和手指。

没有尝过寄人篱下的滋味，听不到风凉话，看不到冷脸，过多的奉承会让你养成不健全的性格。

突然某一天，你背靠的大树倒了，你开始失宠，在坑坑洼洼的路上，你绝不可能像别人那样行走自如。

苦，可以折磨人，也可以锻炼人；蜜，可以养人，也可以害人。森林里的松树，经历千百次暴风雨的摧残，不但不会折断，反而愈见挺拔。

世上有许多人因为没有经过苦难的磨炼，激发不出体内潜藏着的力量，以致自身的才能得不到淋漓尽致的发挥。只有努力奋进，才能帮助人们达到成功的境地，获得自己内心渴望的东西。

在克里米亚的一次战斗中，有一枚炮弹击中一个城堡后，毁灭了一座美丽的花园。就在那个炮弹落下的深穴里，竟源源不断地流出泉水来，后来这里竟然成了一个长久不息的著名喷泉。同样，不幸与苦难也会将我们的心灵炸破，而在那炸开的缝隙里也会时刻流出奋勇前进的泉水来。

许多人不到丧失一切、穷途末路的地步，就无法发现自己的力量，有时灾祸的折磨反而促使人们发现真实的自己。困难与障碍，就像凿子和锤子，能把生命雕琢得更加美丽动人。

一旦雏鹰能起飞，老鹰便会立即将它们驱出巢外，让它们在空中做飞翔锻炼。而雏鹰只有经过这种锻炼，将来才能做百鸟之王，才会凶猛敏捷，才能做追逐猎物的高手。

火石不经摩擦，就不会发出火光；同样，人不遇磨难，体内蕴藏的力量也将永远不会发挥出来。

富兰克林·罗斯福从哈佛大学毕业后不久，便正式开始了政治生涯。他于1909年参加纽约州参议员竞选获胜，继而于1912年积极为威尔逊获得民主党总统候选人的提名及竞选总统出力奔走。威尔逊当选为总统后，罗斯福被任命为海军助理部长。1914年7月，第一次世界大战爆发，罗斯福请假3周，与民主党党阀支持的詹姆斯·杰拉尔德竞争联邦参议员职位，结果党内提名遭到失败。1917年，美国对德宣战，宣布站在协约国一方参加第一次世界大战。为了增加实战经验，作为海军助理部长的罗斯福于1918年赴欧洲战场考察，目睹战争给人民造成的生命和财产的损失，留下了终生难忘的印象。1920年，在总统选举中，他被任命为民主党副总统候选人，结果被共和党候选人柯立芝击败；同年，他回到纽约重操律师旧业，暂时退出政坛，积蓄力量，准备东山再起。

就在这时，一场意外的灾难降临到了罗斯福的头上。1921年8月10日，罗斯福在他的海滨别墅扑灭了一个小岛上的一场林火后，汗流浃背地跳入芬地湾游泳，不幸患上了小儿麻痹症。一场严峻的考验摆在了39岁的罗斯福面前，它比生死的考验更为残酷，也更叫人难以忍受。

开始，罗斯福还竭力使自己相信病情能够好转，但实际情况却在不断恶化。他的两条腿完全不管用了，瘫痪的症状在向上身蔓延。他的脖子僵直，双臂失去了知觉，最后膀胱也暂时失去了控制，每天导尿数次，每次都痛苦异常。他的背和腿疼痛难忍，好像牙痛放射到全身，肌肉像剥去皮肤暴露在外的神经，稍一触动就忍受不了。

但最让他忍受不住的还是精神上的折磨。他从一个有着“光辉前程”的年富力强的硬汉子，一下子变成一个卧床不起、事事需要别人照料的残疾人，真是痛苦极了。在得病的最初几天里，他几乎绝望了，以为“上帝把他抛弃了”。但罗斯福毕竟是罗斯福，他忍受着痛苦的煎熬，以平时轻松活泼的态度和妻子埃莉诺开玩笑。他理智地控制着自己，绝不把自己的痛苦、忧愁传染给妻子和孩子们。他不允许别人把自己得病的消息告诉他那正在欧洲的母亲，以免母亲牵肠挂肚。

为了不去考虑自己的病情，他拼命地思考问题，回想自己走过的路哪些是对的，哪些是错的；回想自己接触过的各种各样的政治家，谁是可以学习的导师，谁是卑鄙的政治骗子；他也想到了人民，想到饱受战争创伤的欧洲人民，想到那些饥寒交迫、朝不保夕的社会下层的人民。到底今后应当怎样生活，怎样做人，他不断地思索、探求。为了总结经验，他不停地看书，比较系统地阅读了大量有关美国历史、政治的书籍，还阅读了许多世界名人传记，以及大量的医学书籍，几乎每一本有关小儿麻痹症的书他都看过，并和大夫们进行了详细的讨论。他几乎成了这方面的权威。

苦难可以压垮一个人，也可以造就一个人，关键在于选择什么样的态度去面对苦难。罗斯福面对病痛是乐观而镇静的，虽然这样做并不能使他遭受的苦痛减轻，但是，乐观的态度使他又像从前那样生气勃勃了。他仍卧床不起，但他相信这场病过去之后，他定能更加胜任他所要担当的角色，重新返回政治舞台。

他按照医生的嘱咐进行艰苦的锻炼，为了使两腿伸直，他不得不打上石膏。每天他都好像在中世纪的酷刑架上一样，要把两腿关节处的楔子打进去一点，以使肌腱放松一些。这个曾被看成是花花公子的人身上蕴藏着极大的勇气，所以不久就出现了病情好转的迹象——他的手臂和背部的肌肉逐渐强壮起来，最后终于能坐起来了。

为了重新走路，罗斯福叫人在草坪上架起了两条横杠，一条高些，一条低些。每天他接连几个小时不停地在这两条杠子中间挪动身体。他给自己定的第一个目标就是走到离斯普林伍德 1/4 英里远的邮政街。每天他都拄着拐杖在公路上蹒跚着向前走，争取比前一天多走几步。他还让人在床正上方的天花板上安装了两个吊环，靠这两个吊环坚持锻炼。到第二年开春，他已经日见好转，甚至能够到楼下在地板上逗孩子们玩，或者在图书馆的沙发上接见客人。

1922 年 2 月，医生第一次给罗斯福安上了用皮革和钢制成的架子，这副架子他后来一直戴着。架子每个重 7 磅，从臂部一直到脚腕。架子在膝部固定住，这样，他的两腿就像两根木棍一样。借助于这架子和拐棍，罗斯福不仅可以凭身体和手臂的运动来“走路”，而且还能站立起来讲话。但做到这一步也不容易，开始时他经常摔倒，夹着拐棍的两臂也累得发疼，尽管如此，他仍然以顽强的毅力和乐观的态度坚持锻炼。

经过艰苦的锻炼，罗斯福的体力增强了。1922 年秋天，他重新回到病前任职的信托储蓄公司工作。开始时，他每周工作 2 天，又慢慢增加到 3 天，最后达到每周 4 天。他的日程安排得很满，每天早晨 8 点半在床上会见他的顾问路易斯 · 豪和其他来访者，由此开始一天的工作。2 个小时后，他来到办公室，一直工作到下午 5 点。午饭就在办公室里吃。上午他处理公司的事务，下午办些私事。回家后，他喝点茶，活动一下身体，就又会见来访者。事情往往要到吃晚饭时才结束。由于重新回到了社会，罗斯福的名字又响亮起来了。

他面对病痛所表现出来的超人的勇气和乐观向上的态度，不仅增添了他个人的自信，也赢得了别人的尊敬和信任。

1924 年又是总统选举年。民主党由于上届总统选举失败，迫切需要罗斯福出来竞选，以重振士气。罗斯福表示：“在甩掉丁字形拐杖走路以前，我不想竞选。”但他决定出席民主党全国代表大会，以发出他本人重新返回政界的信息。在儿子的协助下，他拄着拐杖走上讲台，这时，全场响起了雷鸣般的掌声。罗斯福巧妙地控制着讲演的节奏，完全把听众吸引住了。他呼吁大家团结起来，这时听众全都起立，他充满激情地号召大家："要牢记亚伯拉罕·林肯的话：‘对任何人都不怀恶意，对所有的人都充满友善。’”他的讲话受到了与会代表的热烈欢迎。这是人们对他表达的一种少有的敬意。他的心好像又长上了翅膀，他的腿被架子夹得麻木了，他的手由于把全身的重量都撑在桌上而不停地痉挛着，但他全然顾不上这些，他那浑厚有力的声音在大厅里回荡着。

罗斯福最终赢得了这次选举，他的胜利在于他那非凡的毅力和超人的意志。苦难并没有使他绝望，相反，他坚强地“站”了起来，“走”了出来，并最终得到了民众的一致认可。更值得关注的是，他是美国历史上唯一一位蝉联四届的美国总统。

由上可知，不遭受巨大的打击和刺激，人类的潜能是很难显露出来的。这种神秘的力量深藏在人体的最深层，非一般的刺激所能激发，但是，当人们受到讥讽、凌辱、欺侮以后，就会激发出一种全新的力量，做到从前所不能做的事。

艰难的情形、失望的境地和贫穷的状况，在历史上曾经造就了很多伟人。如果拿破仑年轻时没有遇到什么窘迫、绝望，他绝不会如此多谋，如此镇定，如此刚勇。巨大的危机和事变，往往是伟人诞生的信号。

把苦难踩在脚下，你才会站得更高。生命就是一次次蜕变的过程。唯有经历各种各样的折磨，才能增加生命的厚度。一个人的成长过程，恰似蝴蝶破茧的过程，在痛苦的挣扎中，意志得到锻炼，力量得到加强，心智得到提高，生命在痛苦中得到升华。当你从痛苦中走出来时，就会发现，你已经拥有了飞翔的力量。

10. 跌倒了，爬起来

生活中，很多人常常会说：“我已经尝试过了，不幸的是，我失败了。”实际上，他们并没有搞清楚失败的真正含义。

通常来说，成功者和失败者非常重要的一个区别就是，失败者总是把挫折当成失败，从而使每次挫折都深深打击他追求胜利的勇气；成功者则把失败看做一种历练，看做一种常态，看做成功的基石，在一次又一次的挫折面前，他总是对自己说：“我不是失败了，只是暂时还没有成功。不用急，从头再来。”一个数次失利的人，如果继续努力，打算赢回来，那么他今天的失利，就不是真正的失败。相反，如果他失去了再次战斗的勇气，那就是真的输了败了。

清末的宋嘉树，原籍海南岛文昌县，他的身世背景、他的远渡重洋、他在上海十里洋场的发迹，都充满了传奇色彩。他创办了华美印书馆，协办了中国基督教青年会，参加了孙中山领导的同盟会。

1887 年，宋嘉树与培文女子高等学堂毕业的名媛倪桂珍结婚，生有三女三子，他们便是名闻中外的宋霭龄、宋庆龄、宋美龄三姐妹和宋子文、宋子良、宋子安三兄弟。宋氏家族对于近现代中国有着深远的影响，尤其是宋氏三姐妹，在中国近现代史上具有特殊的地位。那么，这 3 位杰出的女性是如何被教导出来的呢?

宋家的孩子还在爬行和学步阶段，宋嘉树就鼓励他们：“一步二步三步，好！跌倒了别哭，自己爬起来再走，好！一二一，一二一……”孩子们果然不哭，跌倒了爬起来再走。朋友们说他是开孩子们玩笑，宋嘉树却回答："老兄错了，这不是开玩笑，这是人生之路的第一步，将来在社会上闯世界，全靠这第一步呀!"

孩子们渐渐长大了。有一天，宋嘉树特地选择了一个风雨交加的日子，带着霭龄、庆龄、子文等人去龙华。他不让孩子们参观龙华古刹，却让他们丢开手中的雨伞，站在古塔下淋雨。他指着高高耸立的龙华塔，对孩子们说："你们看这座塔，千余年来不怕风雨，为什么？因为它基础牢固、骨架紧密。你们将来投身革命，就要从小打基础、练骨架。现在，让我们一起开始比赛，围绕宝塔跑6圈，六六大顺!"宋嘉树带头跑了起来，孩子们紧紧跟着父亲，有的孩子不小心在泥泞中跌倒了，又迅速地爬起来再跑，无一肯落后……

还有一次，兄弟姐妹们玩拉黄包车的游戏，霭龄装作黄包车夫，庆龄扮成乘客，小妹小弟跟在身后又蹦又跳。他们正玩得开心，不料"车夫"拉车用力过猛，双手失去控制，一下子把"乘客"抛了出去。"车夫"愣在那里傻了眼，知道自己闯了祸。"乘客"又疼痛又委屈，满脸的不高兴。宋嘉树知道这件事后，慈爱地对霭龄说："做游戏也要有分寸，黄包车夫可不光是使力气呀！伤了乘客还怎么拉生意呢？"小霭龄不好意思地笑了。宋嘉树又笑着对庆龄说："我们的乘客这样宽宏大量，这样勇敢坚强，真是了不起!"小庆龄受到父亲的夸赞和鼓励，一脸的阴云也散去了。长大以后，庆龄真的成了一位既富有爱心和宽容，又意志坚强、面对邪恶势力敢于斗争的伟大女性!

如果一个人把眼光拘泥于挫折的痛感之上，就很难再抽出身来考虑自己下一步如何努力，最后如何成功。一个拳击运动员说："当你的左眼被打伤时，右眼还得睁得大大的，才能够看清对手，也才能够有机会还手。如果右眼同时闭上，那么不但右眼要挨拳，恐怕连命也难保!"拳击就是这样，即使面对对手无比强劲的攻击，你还是得睁大眼睛面对受伤的感觉。如果不是这样，一定会输得更惨。其实，人生又何尝不是这样呢？

“跌倒了，爬起来再走”，这看似是一句鼓舞失败者最好的话，但是真正实现起来，需要的是自我激励的品质和勇气。

下面让我们来看看一个人的简历：

1818 年（9 岁），母亲去世。

1831 年（22 岁），经商失败。

1832 年（23 岁），竞选州会员落选。

同年（23 岁），工作丢了。想就读法学院，但未获入学资格。

1833 年（24 岁），向朋友借钱经商。

同年同底（24 岁），再次破产。接下来，他花了 16 年的时间才把债务还清。

1834 年（25 岁），再次竞选州议员，这次他赢了。

1835 年（26 岁），订婚后即将结婚时，未婚妻死了。

1836 年（27 岁），精神完全崩溃，卧病在床 6 个月。

1838 年（29 岁），争取成为州议员的发言人——没有成功。

1840 年（31 岁），争取成为选举人——落选了。

1843 年（34 岁），参加国会大选——又落选了。

1846 年（37 岁），再次参加国会大选——这回当选了。

1849 年（40 岁），追求国会议员连任，失败。

1854 年（45 岁），竞选美国参议员，落选。

1856 年（47 岁），在共和党内争取副总统的提名——得票不足 100 张。

1860 年（51 岁），当选为美国第 16 届总统，并成为历史上最伟大的总统之一。

这个人是林肯。生来就一无所有的林肯，终其一生都在不断地跌倒，他也曾经绝望至极，但他还是一次次地爬起来。在竞选参议员落败后，林肯曾经说过这样一句话：“此路艰辛而泥泞，我一只脚滑了一下，另一只脚也因而站不稳；但我缓口气，告诉自己，这只不过滑了一跤，并不是死去而爬不起来。”

现在，很多年轻人都爱谈论人生，但是他们对人生道路的坎坷和曲折往往估计不足，常常天真地把人生之路看得像机场跑道一样平坦笔直，像公园小径一样到处盛开着鲜花。于是，当他们在前进的道路上遇到困难和挫折时，便悲观、迷惘、彷徨。其实，人生的旅途总是欢乐与悲伤并存、顺利与挫折交错、顺心和失意重叠。特别是那些有作为的人，在前进的道路上，常常是先有“山重水复疑无路”的逆境，几经奋斗，才迎来了“柳暗花明又一村”的坦途。我们在奋斗之初也要认清一点：成功并不容易，要想获得成功，就得有战胜困难挫折的勇气和品质。一旦有了这样的心理准备，所有的挫折都不会让你彻底倒下。

11. 自己选择的路，跪着也要走下去

生活是由无数个变数组成的。事情的变化有时很难说是好是坏，但若想把握未来的生活，首先要设想一条适合自己的路径。

一天，有父子三人来到山脚下。父亲举手遮阳，眺望峰顶，声如洪钟："你俩比赛爬上这山。上山有两条路，大路平而近，小路险而远。选择哪条路，你们自己定。"兄弟俩思忖再三，各自凭着自己的选择踏上了征程。

两个月过去了，一个西装革履的身影出现在峰顶——哥哥走来了。他骄傲地走向充满期待的父亲，说："我赢了，我赢了！这一路真是春风得意。在坦荡的大路上，我只需不断向前。舒缓的坡度让我走得从容，平整的石阶使我心旷神怡。那里没有岔道让我伤神，没有突出的山石使我绊脚。实践证明，在平坦和崎岖间，只有傻瓜才会放弃平坦，选择崎岖。我获得了胜利！"

父亲慈祥地看着他："你的选择的确聪明，一路也走得十分风光，我的好儿子……"

这之后不知过了多久，又一个身影出现了：弟弟步伐稳健，全身充满着生命的活力。尽管身体瘦削，衣衫褴褛，但他双目炯炯有神，透着聪慧与睿智。他微笑着走向父亲和哥哥，从从容容地讲起了路上的故事："哦，这是多么有意义的一次旅程！感谢您，父亲，感谢您给了我选择的机会。一路上，陡峭的山崖阻挡着我攀爬的脚步，丛生的荆棘刺破了我裸露的臂

膊，疲惫的身心增添着孤独的酸楚。但我坚持住了，我学会了灵活与选择，学会了机敏与自保，学会了独立与坚韧。路边的美丽景色，使我放慢脚步享受自然的馈赠。在山脚下，我看见山花烂漫，彩蝶翩翩，于是我与山花同歌，伴彩蝶共舞。在山腰，我看见绿草如茵，华木如盖。我拥抱自然的和弦，追逐欢快的节奏。这些往往是我最快乐的时光，可更多的时候是阴冷浓雾的环抱。放眼望去，黄叶连天，衰草满路，但我在黄叶林中看到丰硕的果实，从衰草丛内悟出新生的希望。我感觉自己在成熟，一寸寸地成熟。再往上，是没有一点生机的寒风和石砾，我曾想过放弃，但曾经的艰辛温暖着我，启迪着我，给我力量，给我信心，使我忘掉比艰险更艰险的死寂，抛掉比痛苦更痛苦的迷茫。我最终到达了这里！一路上，我阅尽山间春色，也饱尝征途冷暖，为此，我感谢您。”

哥哥的眼中露出不解，但旋即消失，他说：“可是你输了！”

“是的，”父亲遗憾地说，“孩子，你输掉了比赛……”

弟弟极目远方，脸上露出平和的微笑：“但是，我赢得了人生！”

人生就是这样，正因为崎岖，才多了几分韵味，才更显得丰富。平坦纵然快捷，但终究无法与崎岖之丰富相比——人生之崎岖往往在于其中包含着智慧和成熟。

人生没有两条完全相同的道路，正如世界之大，却没有两张完全相同的面孔一样，可以相似，甚至惟妙惟肖，但绝不会不差分毫。比如，你可以借鉴前人的人生经验，追寻前人的脚步，但沿途看到的，绝对不会是相同的风景；与你相伴同行的，绝对不会是相同的旅伴，所以面临的也绝对不会是相同的机会。出身的不同，学识的不同，才能的不同以及机遇与性格的不同等，决定了我们各不相同、千差万别的人生道路。踩着别人的脚印前行，你迟早会发现，前方已经没有了路，而你要做的，是在前人没有走过的地方，踏出一条新的道路，一条属于自己的人生之路。

新东方董事长兼总裁俞敏洪说：“我们未来生活的一种重要能力，叫做忍辱负重的能力。很多社会名流会遇到很多很多不堪忍受的事情，但是你不得不忍受，因为不忍受就不可能成功。你不忍辱负重，你就没有时间，没有空间，没有走向未来的空间。如果你想走向未来，最后变得更加强大，就必须给自己留下足够的时间和空间。如果我们准备用自己的生命，为一个伟大的目标而奋斗，就必须排除生命中一切琐碎事情的干扰，因此你必须忍辱负重。"

俞敏洪当时在北大教书，却被迫以一种很难堪的方式离开了北大。他被迫创业，从此有了"新东方"。

从一开始的夫妻店，到后来俞敏洪放弃了出国留学的梦想，再到之后的3年内"新东方"有了飞速的发展，中间经历了无数的磨难。他寻找同盟伙伴徐小平，再到美国去把王强拉回来，3个人组成了"新东方"的核心人物。后来，他又把徐小平"踢"出董事会。他克服了无数困难，"被迫"升华了无数次，顶住家人和外界的压力，终于把"新东方"发展到了今天的规模。

曾经，俞敏洪在众人面前给母亲下跪，痛哭流涕得像个孩子。母亲走后，他在办公室里摔打东西，有一个笔记本里有他两年多的稿子，两年多的心血，他气过头了，摔了。曾经，他在兄弟面前历经内心苦痛挣扎叫板。曾经，他被别人抬着从医院出来，一边哭一边大声喊："我不干了，我再也不干了……赶紧把公司关了，我再也不干了！"但是，当天晚上7点多的课他又照常去上了。曾经，他哽咽着说："如果我的离去能为'新东方'带来成长和进步，我愿意退出，我愿意用我的生命来换取'新东方'。"曾经，面对执意离去的王强，他说："我愿意用下跪这种方式挽留你。"

为什么俞敏洪能做成"新东方"？别人意气用事的时候，他不能；别人有火向他发的时候，他得"以柔克刚"。为了"新东方"，他放下了男人的面子和尊严，甚至愿意用一切去换取"新东方"的成长。因为他知道，自己选择的路，即使跪着也要走下去！

不管处于什么年龄，什么境地，我们都不能因一时气不过而贸然行事。因为这个世界上让你气不过的事情实在太多了，只有你气得过的时候，世界才会在你面前展开最光辉的一面。

屈从于现状，受制于环境的人是弱者，其才华势必要被埋没，因为他不能坚持做自己喜欢的事，不能坚持做自己认为是正确的事。很多人失败都是因为太早选择放弃，殊不知，成功就在离放弃一步之遥的地方。在困难与坎坷面前，我们一定不能把时间浪费在前进或后退的挣扎上，既然认准了前方的目标，就一定要勇往直前，哪怕摔出了眼泪，哪怕摔疼了年轻的心，也要爬起来，拍拍身上的尘土，继续向前走下去。

12. 扫掉惰性这条尾巴

罗兰说："懒惰是很奇怪的东西，它使你以为那是安逸、是休息、是福气，但实际上它所给你的是无聊、是倦怠、是消沉；它剥夺你对前途的希望，割断你和别人之间的友情，使你心胸日渐狭隘，对人生也越来越怀疑。"

惰性被定义为："因主观上的原因而无法按照既定目标行动的一种心理状态。"它是人懒惰的本性，不易改变的落后习性，不想改变老做法、老方式的倾向。当一个人有惰性心理时，做事就会迟迟不行动，一拖再拖。

人的惰性是一种可怕的精神腐蚀剂，它使人终日消沉，无精打采，甚至让人丧失生活的信心和希望。富兰克林有句名言："懒惰就像生锈一样，比操劳更消耗身体。"

惰性的强弱与意志力成反比，所以，如果想克服惰性，就要让自己拥有较强的意志力。这个世界上，一点惰性都没有的人并不多，没有谁天生就有很强的意志力。意志力是人们在执着追求生活的过程中磨炼出来的不惧艰难和挫折的精神。这种执着在每个人身上都可以找到，也可以说是天生的，只不过因为各自不同的生活环境造成了后天表现的差异。

生活就是如此，只有不断地燃起激情去面对生活，我们思想中的积极因子才能得到最大程度的激发，消极因子才会消减到最低。

一个铁匠用同一块铁打了两把锄头，拿到集市上去卖。农民买走了其中的一把，回去后就用它来锄地了。另一把锄头被一个商人买走了，但是因为没有用处被闲置起来。

一晃半年时间过去了，两把锄头偶然见面了。本来两把锄头铸造方式、质地完全一样，但是，如今二者的差别却很明显。农民手中的锄头，闪着银子般锃亮的光芒，比刚做好时更亮；而另一把锄头，由于长期闲置，早已暗淡无光，周身布满了铁锈。

“我们以前是一模一样的，为什么时隔半年，你变得如此光芒四射，而我却成了这副模样？”那把锈迹斑斑的锄头问它的老朋友。

“原因很简单，我自到了农民那里，几乎一天都没有闲过，每天都在劳动。”那把锃亮的锄头回答道，“你现在之所以会变成这个样子，就是因为你总是躺在那里不动，什么活也不干！”

刀越磨越锋利，锄头越用越光亮。如果勤奋是一种习惯，那么懒惰也是一种习惯，只是勤奋的习惯引领人们走向光明，而懒惰的习惯则把人们带入黑暗的深渊。通过两把锄头的不同境遇，我们可以看到勤奋和懒惰所带来的后果是多么悬殊！

在一把古老的钥匙上，刻有这样一句意味深长的铭文：“如果我休息，我就生锈。”对于惰性缠身的人而言，这句警世恒言实在太形象了，甚至最勤奋的人也会从中得到警醒。如果我们任自己的才能被埋没，就如同废弃的钥匙一样，不久就会生锈，最终无法实现自己的人生梦想。

有一则寓言说：从前，有一家人都很懒惰，每日的家务事爸爸不做就叫妈妈做，妈妈不做就叫女儿做，女儿不做就叫小狗做。小狗没有办法，只好用尾巴扫地，用身子抹桌子，甚至用嘴叼着水管给花草浇水。某日来了一位客人，他见到小狗做事，很惊讶地说：“喔，小狗这么能干，还能做家务呢。”小狗说：“没有办法，他们都不做，只有叫我做。”客人听了大吃一惊，小狗居然还会说话。小狗赶快对客人示意：“嘘，不要让他们知道我会说话，否则他们还要我接电话。”

比尔·盖茨曾经说过：懒惰，好逸恶劳乃是万恶之源，懒惰会吞噬一个人的心灵，可以轻而易举地毁掉一个人，乃至一个民族。亚历山大征服波斯人之后，有幸目睹了这个民族的生活方式。他注意到，他们厌恶劳动，只想舒适地享受一切。对此他不禁感慨道："没有什么东西比懒惰和贪图享受更容易使一个民族奴颜婢膝的了，也没有什么比辛勤劳动的人们更高尚的了。"

生活就是劳动，劳动就是生活。当我们处在贫穷的生活中时，更应该用劳动来改变现状。一个人如果没有与困难做斗争的顽强精神，没有坚强的意志，必然会为惰性找到借口。所以，我们要经常检查自己，督促自己，克服自身的惰性，养成不畏艰险，不向困难低头的坚韧性格；要以彻底的自学性严格要求自己。只有真正懂得人生的价值和意义，把生活看做是一种责任、一种使命、一种创造的人，才能自觉地鞭挞自我，克服惰性。